Spanish Verb Flashcards
Second Edition

Other Kaplan Books for Spanish Learners

Spanish Vocabulary Flashcards, Second Edition

Lazarillo de Tormes: A Kaplan Spanish-Language Vocabulary-Building Novel

Spanish Verb Flashcards
Second Edition

Compiled by Johnnie Eng

This publication is designed to provide accurate and authoritative information in regard to the subject matter covered. It is sold with the understanding that the publisher is not engaged in rendering legal, accounting, or other professional service. If legal advice or other expert assistance is required, the services of a competent professional should be sought.

Editorial Director: Jennifer Farthing
Senior Editor: Ruth Baygell
Production Editor: Caitlin Ostrow
Production Artist: Joe Budenholzer
Cover Designer: Carly Schnur

© 2006 by Kaplan, Inc.

Published by Kaplan Publishing, a division of Kaplan, Inc.
888 Seventh Ave.
New York, NY 10106

All rights reserved. The text of this publication, or any part thereof, may not be reproduced in any manner whatsoever without written permission from the publisher.

Printed in the United States of America

September 2006
10 9 8 7 6 5 4 3 2

ISBN-13: 978-1-4195-4206-0
ISBN-10: 1-4195-4206-0

Kaplan Publishing books are available at special quantity discounts to use for sales promotions, employee premiums, or educational purposes. Please call our Special Sales Department to order or for more information at 800-621-9621, ext. 4444, e-mail kaplanpubsales@kaplan.com, or write to Kaplan Publishing, 30 South Wacker Drive, Suite 2500, Chicago, IL 60606-7481.

HOW TO USE THIS BOOK

This book will help you to review a broad range of tenses and the important verbs you may be required to use on exams or in everyday speech. The more you are able to use a variety of tenses, the better you will show your ability to speak and write advanced Spanish. The verbs chosen here are considered part of an advanced vocabulary; as such, some of the more high-frequency verbs such as *hablar*, *comer*, and *vivir* have not been included.

If you are taking an AP Spanish Exam: The advanced verbs here will help you to prepare for the free-response answers. The more you are able to use a variety of tenses in your essays, the more you will show your ability to write advanced composition. Additionally, you will be more prepared for the oral narrative and for the tenses necessary in the discrete grammar section.

If you are taking an SAT II, CLEP, or another college placement test: The tenses included here will help you in the reading comprehension and in determining the right verb tense in multiple-choice items.

If you are learning Spanish verbs on your own: This reference tool will allow you to check the appropriate verb tenses necessary in everyday communication, whether formal or informal.

FORMAT OF THE BOOK

This book provides the conjugated forms of verbs in a variety of tenses, broken down within the following moods:
- **Indicative**: present, preterite, imperfect, future, and conditional
- **Imperative**
- **Subjunctive**: present subjunctive, imperfect subjunctive

Additionally, the book provides forms for the *present participle* (needed to form **progressive** tenses), and the *past participle* (used with the verb *haber* to form **perfect** tenses).

In some cases, a verb may have more than one meaning. *Tener*, for example, normally means "to have," but it may also mean "to be" as in, *Tengo frío* (I am cold). Since these types of special examples are considered idiomatic expressions or special uses of the verb, they have not been defined here. Definitions are restricted to a verb's most common meaning(s).

THE INDICATIVE MOOD

The indicative mood is based upon knowledge of things or persons that exist and are real. When you use this tense, there is certainty about the things to which you refer.

The indicative is the most common way of expressing a simple sentence or a compound sentence. In certain cases, it may be used in the same (complex) sentence as another mood (the subjunctive), acting as the verb in the main or independent clause.

Present

The present indicative is used to indicate what normally happens or what is happening now. *Yo asisto a la escuela* (I attend school) expresses an action that occurs regularly or is happening now.

The present indicative may also be used to express an immediate future action, as in, *Mañana estudio con mis amigos* (Tomorrow I will study with my friends), though you could also conjugate the verb *ir* then add the word *a* plus the infinitive: *Mañana voy a estudiar con mis amigos* (Tomorrow I am going to study with my friends).

This verb tense is formed by adding the endings noted in the regular verb chart to the stem of the verb.

Preterite

The preterite tense expresses a past completed action that was not repeated or lengthened. As a whole, the action is over: *Ayer tomé el examen de biología* (Yesterday I took the biology exam). This tense also indicates an interruption while another action is occurring: *Mientras Juan estudiaba, el teléfono sonó* (While John was studying, the telephone rang).

Words that may trigger the use of the preterite are *ayer, anoche, el año pasado, hace* + a period of time + *que; una vez, de repente, el sábado* (or any day of the week). Some verbs such as *conocer, saber, tener, querer,* and *poder* change meaning when they are in the preterite.

Some verbs, because of their nature, almost always take the preterite tense rather than the imperfect. *Nacer, morir, terminar, comenzar,* and *empezar,* for instance, are generally not repeated or lengthened, so they are usually expressed in the preterite to denote a past action.

This verb tense is formed by adding the endings noted in the regular verb chart to the stem of the verb.

Imperfect

The imperfect tense describes a continued or repeated action in the past. *Cuándo era niña, jugaba en la playa* (When I was a child, I played in the beach). Key words that may trigger the use of the imperfect include *siempre, todos los días, frecuentemente, cada día, los lunes* (or any day of the week in the plural), *generalmente, mientras, de vez en cuando,* and *muchas veces.*

In certain cases having to do with age and time, one must use the imperfect indicative: *Tenía cinco años* (I was five years old), or *Eran las dos de la tarde* (It was two o'clock in the afternoon). Similarly, with the sentence *Francisca era muy bonita de niña* (Frances was very pretty as a child), this does not suggest that Frances has changed, it simply describes her in the past.

This verb tense is formed by adding the endings noted in the regular verb chart to the stem of the verb.

Future

The future indicative is the formal way to express something that is to occur in the future. It is the equivalent of "I shall speak" or "They will study." Informally, many people use the present tense to express an immediate future, or else use the present tense conjugation of *ir (voy)* + the word *a* plus an infinitive. Most grammarians, however, expect students to use the future tense in formal essays or exams.

The future tense is also used to express wonderment or probability: *¿Dónde estará María?* (I wonder where Mary is?) or the answer, *Estará en casa* (She is probably home).

This verb tense is formed by adding the endings noted in the regular verb chart to the infinitive of the verb.

Conditional

The conditional indicative tells us what might happen if a condition is met. It is normally used with the past tense in a complex sentence. In the sentence, *Juan dijo que iría* (Joe said he would go), we could probably guess that John needs to meet a condition or that his commitment isn't as strong as if it would be if it were expressed in the future.

The conditional is also used to express wonderment or probability in the past: *¿Qué hora sería?* (I wonder what time it was?) or the answer, *Serían las diez* (It was probably ten o'clock).

This verb tense is formed by adding the endings noted in the regular verb chart to the infinitive of the verb.

THE IMPERATIVE MOOD

The imperative mood is used to express a direct command. A direct command may be issued only to *you*, that is, to one or more persons, whether formal or informal (*tú*, *vosotros*, *Ud.*, or *Uds.*).

In the body of this book, the imperative mood forms appear in the following order:

Tú affirmative

Tú negative (*No* or a negative word must appear in front of this form)

Vosotros affirmative

Vosotros negative (*No* or a negative word must appear in front of this form)

Ud. (same form for affirmative or negative, except that *No* or another negative word must appear in front of the negative form.)

Uds. (same form for affirmative or negative, except that *No* or another negative word must appear in front of the negative form.)

THE SUBJUNCTIVE MOOD

The subjunctive mood appears predominantly in complex sentences; that is, in sentences that have a main clause and a dependent clause. If the verb in the main clause expresses doubt, disbelief, denial, uncertainty, or imposition of will, the subjunctive should be used in the dependent clause. The specific subjunctive tense required will depend on the tense expressed in the main clause verb.

Present

The present subjunctive tense is used with the word *Ojalá* (I hope) or to express an indirect command such as *Que baile José* (Let Joe dance). It is also used in complex sentences where the verb in the main clause is in the present indicative, future indicative, or imperative (command) form.

This verb tense is formed by taking the first person singular (*yo*) of the present tense, dropping the *-o* ending, and then adding the endings noted in the verb chart.

Present Perfect

The present perfect subjunctive is used to express an action that occurred before the time indicated by the main verb: *Dudo que el estudiante haya aprobado el examen* (I doubt that the student has passed the exam).

Imperfect

As with the present subjunctive, the imperfect subjunctive is used when the verb in the main clause is in the past or the conditional tense: *La chica esperaba que el examen fuera fácil* (The girl hoped that the test would be easy). It is also used with *Ojalá* to mean "I wish."

There are two sets of endings for the imperfect subjunctive: One is the set of *se* endings, and the other is the set of *ra* endings. Only the *ra* endings are provided in this book, as these have become more acceptable in written and spoken speech.

This verb tense is formed by taking the preterite, third person plural (*ellos, ellas, Uds.*) form and dropping *ron*, and then adding the endings noted in the verb chart.

PROGRESSIVE TENSES

Verb tenses that are indicated by the term *progressive* express an action in progress at a certain time. The present progressive indicates an action in progress at the present time; the future progressive indicates an action in progress at a future time, etc.

The progressive tenses are also called *compound tenses* since they include two components. The main verb is expressed as a present participle (normally, the *-ing* form of the verb in English), and the auxiliary verb is almost any verb of motion, though it is generally *estar*. If the present tense of *estar* is used as the auxiliary verb and is followed by the present participle, then the present progressive tense is being utilized: *Nosotros estamos leyendo un libro* (We are reading a book [only at the present time]).

The present progressive tense can be used only to express an action in progress and not a future action: *Estudiaré para mi examen por la tarde* (I am studying for my test this afternoon). The auxiliary verb *estar* (or a verb of motion) indicates the subject of the verb.

The present participle is formed by adding *ando* to verbs whose infinitives end in *ar* and *iendo* to verbs whose infinitive ends in *er* or *ir*.

PERFECT TENSES

Perfect tenses are compound tenses that express a completed action. In Spanish, the perfect tenses are produced by adding the past participle of the main verb (usually the form ending in *-ado* or *-ido*) to the conjugated form of the verb *haber*.

In the present perfect, the action expressed has already occurred, but it has an influence on the action currently happening: *He llamado a María para determinar dónde vamos a comer* (I have called Mary to determine where we are going to eat). The present action, "where we are going to eat" is influenced by the past action, "I have called Mary to determine."

In the past perfect, the action had already occurred when the action in the subsequent clause happened. *Ya había hablado con María cuando la vi en la tienda* (I had already spoken to Mary when I saw her at the store). This time factor will also be expressed in the future and conditional perfect tenses: *Habré comprado un coche nuevo cuando te vea* (I will have bought a new car when I see you) and *Habría comprado un coche nuevo para entonces* (I would have bought a new car by then). The present perfect and the pluperfect are also expressed when required in their subjunctive forms.

The are two options for the past perfect tenses: the *preterite perfect* and the *pluperfect* (it would be illogical to call it the *imperfect perfect*). The latter is preferred by most Spanish speakers.

There are two options for the subjunctive forms of these tenses: the *present perfect* and the *pluperfect*. These are formed the same way as the indicative tenses listed in the first paragraph. For the present perfect subjunctive: *Ojalá que María haya llegado a tiempo a su cita* (I hope that Mary will have arrived on time for her appointment), and the pluperfect subjunctive: *Dudaba que Juan hubiera comprado un coche nuevo.* (I doubted that John had bought a new car).

SPECIAL CONSIDERATIONS

Special Verbs

Certain verbs are used with an indirect object pronoun (*me*, *te*, *le*, *nos*, *os*, *les*), and the third person, singular or plural form of these verbs. *Me gusta el libro* means "I like the book." In reality, the sentence in Spanish means, "The book is pleasing to me." The activity, thing, person, etc. that is liked is the actual subject. Since the subject will always be an item(s), activity(ies), etc., only the third person form of the verb is required. Similar types of verbs are *agradar* (to be pleased with); *bastar* (to be enough, to suffice); *doler* (to hurt; to be painful); and *faltar/hacer falta* (to be lacking, to need). These verb forms are not listed in the book.

Haber is another type of special verb. It has two usages: First, it is used as an auxiliary verb for the perfect tenses (seen throughout this book). But it is also used as an impersonal verb. *Hay* means "there is/there are." *Hubo* means "there was/were" when citing something that has happened or occurred, and *había* means "there was/were" when describing an event or situation. *Habrá* means "there will be," and *habría* means "there would be." Of course, these forms may also be used interrogatively to ask a question or with the word *no* or a negative phrase to express a negative idea.

Reflexive Verbs

When an infinitive is listed with the ending *-se* in parentheses, it identifies the reflexive form. This can also indicate a change in meaning from a verb's transitive form: *El ministro casó a la pareja en la iglesia* (The minister married the couple at the church). If you use the reflexive verb, however, the meaning changes: *La pareja se casó en la iglesia* (The couple got married in church).

Reflexive verbs require the use of a reflexive pronoun (*me, te, se, nos, os, se*) in front of the conjugated verb form. These reflexive pronouns must be attached to the affirmative commands, though with the present participle or infinitive verb form, they may also appear separately. *Lávense las manos* (Wash your hands).

Subject Pronouns

On the following pages, all conjugated verbs appear in the following order:

Yo (first person singular)

Tú (second person singular)

Él, Ella, or Ud. (third person singular)

Nosotros or Nosotras (first person plural)

Vosotros or Vosotras (second person plural)

Ellos, Ellas, or Uds. (third person plural)

Some things to remember:
1. The third person singular may include objects, animals, or collective nouns, such as, *familia*, *equipo*, or *clase*. Though collective nouns indicate more than one person, their form is always in the singular.
2. The first person plural (*nosotros/nosotras*) communicates the idea of *we*. The number of people or things does not matter; however, the pronoun *I* (*yo*) must be included. *Todo el mundo y yo* [*nosotros*] *vamos al cine los sábados* (The whole world and I go to the movies on Saturdays).

3. The second person forms (*tú* and *vosotros/vosotras*) indicate informality in speech, so you could address a person by his first name. On the AP Exam, as on most other exams, you are not required to use the *vosotros* form, but you may encounter it in reading selections and should recognize its use.

Object Pronouns

In Spanish, object pronouns—whether direct or indirect—must be located in the appropriate place in a sentence. Generally, with a conjugated or negative command form of a verb, the following are placed *in front*:

Direct object pronouns (*me, te, la, lo, nos, os, los, las*)

Indirect object pronouns (*me, te, le*, nos, os, les**)

Reflexive pronouns (*me, te, se, nos, os, se*)

Generally, with an affirmative, informal command (*vosotros*), the final -d of the command form is dropped and the object pronoun *os* is added. Take the verb *dar*. *Dad* is the command form, and when used with an object pronoun, it becomes *daos*. The only exception to this rule is the verb *irse* (to go away). The command form is *idos*, though in conversational speech it is often said *iros*.

Object pronouns may be attached to an infinitive or present participle form, but they must be attached to an affirmative command.

---

*Le and *les* change to *se* when they appear before another object pronoun that begins with the letter *l*.

REGULAR -*AR* VERBS

Present	Preterite	Imperfect	Future	Conditional
-o	-é	-aba	-e	-ía
-as	-aste	-abas	-ás	-ías
-amos	-ó	-aba	-a	-ía
-amos	-amos	-ábamos	-emos	-íamos
-áis	-asteis	-abais	-éis	-íais
-an	-aron	-aban	-án	-ían

Present Subjunctive	Imperfect Subjunctive	Imperative	Present Participle	Past Participle
-e	-ra	-a	-ando	-ado
-es	-ras	-es*		
-e	-ra	-d		
-emos	-(á)ramos	-éis*		
-éis	-rais	-e		
-en	-ran	-en		

*_No_ or a negative word must appear in front of the negative forms of these words. Note the * in conjugations throughout the book.

REGULAR -*ER* VERBS

Present	Preterite	Imperfect	Future	Conditional
-o	-í	-ía	-é	-ía
-es	-iste	-ías	-ás	-ías
-e	-ió	-ía	-á	-ía
-emos	-imos	-íamos	-emos	-íamos
-éis	-isteis	-íais	-éis	-íais
-en	-ieron	-ían	-án	-ían

Present Subjunctive	Imperfect Subjunctive	Imperative	Present Participle	Past Participle
-a	-ra	-a	-iendo	-ido
-as	-ras	-es*		
-a	-ra	-d		
-amos	-(é)ramos	-éis*		
-áis	-rais	-e		
-an	-ran	-en		

*No or a negative word must appear in front of the negative forms of these words. Note the * in conjugations throughout the book.

REGULAR -*IR* VERBS

Present	Preterite	Imperfect	Future	Conditional
-o	-í	-ía	-é	-ía
-es	-iste	-ías	-ás	-ías
-e	-ió	-ía	-á	-ía
-imos	-imos	-íamos	-emos	-íamos
-ís	-isteis	-íais	-éis	-íais
-en	-ieron	-ían	-án	-ían

Present Subjunctive	Imperfect Subjunctive	Imperative	Present Participle	Past Participle
-a	-ra	-e	-iendo	-ido
-as	-ras	-as*		
-a	-ra	-d		
-amos	-(é)ramos	-áis*		
-áis	-rais	-a		
-an	-ran	-an		

*No or a negative word must appear in front of the negative forms of these words. Note the * in conjugations throughout the book.

Present	Preterite	Imperfect	Future	Conditional
yazco	yací	yacía	yaceré	yacería
yaces	yaciste	yacías	yacerás	yacerías
yace	yació	yacía	yacerá	yacería
yacemos	yacimos	yacíamos	yaceremos	yaceríamos
yacéis	yacisteis	yacíais	yaceréis	yaceríais
yacen	yacieron	yacían	yacerán	yacerían

Present Subjunctive	Imperfect Subjunctive	Imperative	Present Participle	Past Participle
yazca	yaciera	yace	yaciendo	yacido
yazcas	yacieras	yazcas*		
yazca	yaciera	yaced		
yazcamos	yaciéramos	yazcáis*		
yazcáis	yacierais	yazca		
yazcan	yacieran	yazcan		

ACERCAR(SE)

to draw near; to approach

La mujer se acercó a la taquilla.
The woman approached the ticket window.

Present	Preterite	Imperfect	Future	Conditional
acerco	acerqué	acercaba	acercaré	acercaría
acercas	acercaste	acercabas	acercarás	acercarías
acerca	acercó	acercaba	acercará	acercaría
acercamos	acercamos	acercábamo	acercaremos	acercaríamo
acercáis	acercasteis	acercabais	acercaréis	acercaríais
acercan	acercaron	acercaban	acercarán	acercarían

Present Subjunctive	Imperfect Subjunctive	Imperative	Present Participle	Past Participle
acerque	acercara	acerca	acercando	acercado
acerques	acercaras	acerques*		
acerque	acercara	acercad		
acerquemos	acercáramos	acerquéis*		
acerquéis	acercarais	acerque		
acerquen	acercaran	acerquen		

YACER
to lie; to be buried

Sus restos mortales *yacen* en el cementerio.
Her mortal remains lie in the cemetery.

Present	Preterite	Imperfect	Future	Conditional
vuelvo	volví	volvía	volveré	volvería
vuelves	volviste	volvías	volverás	volverías
vuelve	volvió	volvía	volverá	volvería
volvemos	volvimos	volvíamos	volveremos	volveríamos
volvéis	volvisteis	volvíais	volveréis	volveríais
vuelven	volvieron	volvían	volverán	volverían

Present Subjunctive	Imperfect Subjunctive	Imperative	Present Participle	Past Participle
vuelva	volviera		volviendo	vuelto
vuelvas	volvieras	vuelve		
vuelva	volviera	vuelvas*		
volvamos	volviéramos	volved		
volváis	volvierais	volváis*		
vuelvan	volvieran	vuelva		
		vuelvan		

ACERTAR

to get right; to find; to hit the mark

Es necesario que ella *acierte* esta vez.

It is necessary that she gets it right this time.

Present	Preterite	Imperfect	Future	Conditional
acierto	acerté	acertaba	acertaré	acertaría
aciertas	acertaste	acertabas	acertarás	acertarías
acierta	acertó	acertaba	acertará	acertaría
acertamos	acertamos	acertábamos	acertaremos	acertaríamos
acertáis	acertasteis	acertabais	acertaréis	acertaríais
aciertan	acertaron	acertaban	acertarán	acertarían

Present Subjunctive	Imperfect Subjunctive	Imperative	Present Participle	Past Participle
acierte	acertara		acertando	acertado
aciertes	acertaras	acierta		
acierte	acertara	aciertes*		
acertemos	acertáramos	acertad		
acertéis	acertarais	acertéis*		
acierten	acertaran	acierte		
		acierten		

VOLVER
to return; to come back; to do again

No vuelvan tarde a casa.
Don't return home late.

Present	Preterite	Imperfect	Future	Conditional
vuelo	volé	volaba	volaré	volaría
vuelas	volaste	volabas	volarás	volarías
vuela	voló	volaba	volará	volaría
volamos	volamos	volábamos	volaremos	volaríamos
voláis	volasteis	volabais	volaréis	volaríais
vuelan	volaron	volaban	volarán	volarían

Present Subjunctive	Imperfect Subjunctive	Imperative	Present Participle	Past Participle
vuele	volara		volando	volado
vueles	volaras	vuela		
vuele	volara	vueles*		
volemos	voláramos	volad		
voléis	volarais	voléis*		
vuelen	volaran	vuele		
		vuelen		

ACLARAR

to clarify; to make clear; to clear [weather]

Un ejemplo *aclarará* el problema.
An example will make the problem clear.

Present	**Preterite**	**Imperfect**	**Future**	**Conditional**
aclaro	aclaré	aclaraba	aclararé	aclararía
aclaras	aclaraste	aclarabas	aclararás	aclararías
aclara	aclaró	aclaraba	aclarará	aclararía
aclaramos	aclaramos	aclarábamos	aclararemos	aclararíamos
aclaráis	aclarasteis	aclarabais	aclararéis	aclararíais
aclaran	aclararon	aclaraban	aclararán	aclararían

Present Subjunctive	**Imperfect Subjunctive**	**Imperative**	**Present Participle**	**Past Participle**
aclare	aclarara	aclara	aclarando	aclarado
aclares	aclararas	aclares*		
aclare	aclarara	aclarad		
aclaremos	aclaráramos	aclaréis*		
aclaréis	aclararais	aclare		
aclaren	aclararan	aclaren		

VOLAR
to fly

Los pájaros *vuelan* de un lado del parque al otro.
The birds fly from one side of the park to the other.

Present	Preterite	Imperfect	Future	Conditional
visto	vestí	vestía	vestiré	vestiría
vistes	vestiste	vestías	vestirás	vestirías
viste	vistió	vestía	vestirá	vestiría
vestimos	vestimos	vestíamos	vestiremos	vestiríamos
vestís	vestisteis	vestíais	vestiréis	vestiríais
visten	vistieron	vestían	vestirán	vestirían

Present Subjunctive	Imperfect Subjunctive	Imperative	Present Participle	Past Participle
vista	visitera	viste	vistiendo	vestido
vistas	visitieras	vistas*		
vista	vistiera	vestid		
vistamos	vistiéramos	vistáis*		
vistáis	vistierais	vista		
vistan	vistieran	vistan		

ACONSEJAR
to advise

Los padres *aconsejan* que sus hijos estudien matemáticas.
The parents advise their children to study math.

Present	Preterite	Imperfect	Future	Conditional
aconsejo	aconsejé	aconsejaba	aconsejaré	aconsjeraría
aconsejas	aconsejaste	aconsejabas	aconsejarás	aconsejarías
aconseja	aconsejó	aconsejaba	aconsejará	aconsejaría
aconsejamos	aconsejamos	aconsejábamos	aconsejaremos	aconsejaríamos
aconsejáis	aconsejasteis	aconsejabais	aconsejaréis	aconsejaríais
aconsejan	aconsejaron	aconsejaban	aconsejarán	aconsejarían

Present Subjunctive	Imperfect Subjunctive	Imperative	Present Participle	Past Participle
aconseje	aconsejara	aconseja	aconsejando	aconsejado
aconsejes	aconsejaras	aconsejes*		
aconseje	aconsejara	aconsejad		
aconsejemos	aconsejáramos	aconsejéis*		
aconsejéis	aconsejarais	aconseje		
aconsejen	aconsejaran	aconsejen		

VESTIR(SE)
to dress; to get dressed

Arturo *se viste* con ropa de alta calidad.
Arthur dresses in quality clothing.

Present	Preterite	Imperfect	Future	Conditional
verifico	verifiqué	verificaba	verificaré	verificaría
verificas	verificaste	verificabas	verificarás	verificarías
verifica	verificó	verificaba	verificará	verificaría
verificamos	verificamos	verificábamos	verificaremos	verificaríamos
verificáis	verificasteis	verificabais	verificaréis	verificaríais
verifican	verificaron	verificaban	verificarán	verificarían

Present Subjunctive	Imperfect Subjunctive	Imperative	Present Participle	Past Participle
verifique	verificara	verifica	verificando	verificado
verifiques	verificaras	verifiques*		
verifique	verificara	verificad		
verifiquemos	verificáramos	verifiquéis*		
verifiquéis	verificarais	verifique		
verifiquen	verificaran	verifiquen		

ACORDAR(SE)
to remember

Me acuerdo de mi niñez.
I remember my childhood.

VERIFICAR(SE)
to verify; to check; to take place [an event]

El estudiante *verificó* su promedio en la clase de química.
The student checked his average in his chemistry class.

Present	Preterite	Imperfect	Future	Conditional
acuerdo	acordé	acordaba	acordaré	acordaría
acuerdas	acordaste	acordabas	acordarás	acordarías
acuerda	acordó	acordaba	acordará	acordaría
acordamos	acordamos	acordábamos	acordaremos	acordaríamos
acordáis	acordasteis	acordabais	acordaréis	acordaríais
acuerdan	acordaron	acordaban	acordarán	acordarían

Present Subjunctive	Imperfect Subjunctive	Imperative	Present Participle	Past Participle
acuerde	acordara	acuerda	acordando	acordado
acuerdes	acordaras	acuerdes*		
acuerde	acordara	acordad		
acordemos	acordáramos	acordéis*		
acordéis	acordarais	acuerde		
acuerden	acordaran	acuerden		

Present	Preterite	Imperfect	Future	Conditional
veo	vi	veía	veré	vería
ves	viste	veías	verás	verías
ve	vio	veía	verá	vería
vemos	vimos	veíamos	veremos	veríamos
veis	visteis	veíais	veréis	veríais
ven	vieron	veían	verán	verían

Present Subjunctive	Imperfect Subjunctive	Imperative	Present Participle	Past Participle
vea	viera	ve	viendo	visto
veas	vieras	veas*		
vea	viera	ved		
veamos	viéramos	veáis*		
veáis	vierais	vea		
vean	vieran	vean		

ACTUAR

to act; to perform

Isabel *actuará* en el drama.
Elizabeth will perform in the drama.

Present	**Preterite**	**Imperfect**	**Future**	**Conditional**
actúo	actué	actuaba	actuaré	actuaría
actúas	actuaste	actuabas	actuarás	actuarías
actúa	actuó	actuaba	actuará	actuaría
actuamos	actuamos	actuábamos	actuaremos	actuaríamos
actuáis	actuasteis	actuabais	actuaréis	actuaríais
actúan	actuaron	actuaban	actuarán	actuarían

Present Subjunctive	**Imperfect Subjunctive**	**Imperative**	**Present Participle**	**Past Participle**
actúe	actuara	actúa	actuando	actuado
actúes	actuaras	actúes*		
actúe	actuara	actuad		
actuemos	actuáramos	actuéis*		
actuéis	actuarais	actúe		
actúen	actuaran	actúen		

VER
to see; to look at; to watch

Veo a Margarita en la escuela.
I see Margaret in school.

Present	Preterite	Imperfect	Future	Conditional
vengo	vine	venía	vendré	vendría
vienes	viniste	venías	vendrás	vendrías
viene	vino	venía	vendrá	vendría
venimos	vinimos	veníamos	vendremos	vendríamos
venís	vinisteis	veníais	vendréis	vendríais
vienen	vinieron	venían	vendrán	vendrían

Present Subjunctive	Imperfect Subjunctive	Imperative	Present Participle	Past Participle
venga	viniera		viniendo	venido
vengas	vinieras	ven		
venga	viniera	vengas*		
vengamos	viniéramos	venid		
vengáis	vinierais	vengáis*		
vengan	vinieran	venga		
		vengan		

ACUDIR

to go; to come; to attend; to come forward

¿*Acudieron* tus amigos a la fiesta?
Did your friends go to the party?

Present	Preterite	Imperfect	Future	Conditional
acudo	acudí	acudía	acudiré	acudiría
acudes	acudiste	acudías	acudirás	acurdirías
acude	acudió	acudía	acudirá	acudiría
acudimos	acudimos	acudíamos	acudiremos	acudiríamos
acudís	acudisteis	acudíais	acudiréis	acurdiríais
acuden	acudieron	acudían	acudirán	acudirían

Present Subjunctive	Imperfect Subjunctive	Imperative	Present Participle	Past Participle
acuda	acudiera		acudiendo	acudido
acudas	acudieras	acude		
acuda	acudiera	acudas*		
acudamos	acudiéramos	acudid		
acudáis	acudierais	acudáis*		
acudan	acudieran	acuda		
		acudan		

VENIR
to come; to arrive

Mi mejor amiga *viene* el próximo mes para pasar sus vacaciones conmigo.
My best friend is coming next month to spend her vacation with me.

Present	Preterite	Imperfect	Future	Conditional
vendo	vendí	vendía	venderé	vendería
vendes	vendiste	vendías	venderás	venderías
vende	vendió	vendía	venderá	vendería
vendemos	vendimos	vendíamos	venderemos	venderíamos
vendéis	vendisteis	vendíais	venderéis	venderíais
venden	vendieron	vendían	venderán	venderían

Present Subjunctive	Imperfect Subjunctive	Imperative	Present Participle	Past Participle
venda	vendiera	vende	vendiendo	vendido
vendas	vendieras	vendas*		
venda	vendiera	vended		
vendamos	vendiéramos	vendáis*		
vendáis	vendierais	venda		
vendan	vendieran	vendan		

ADIVINAR
to foretell; to guess correctly

¿Quién puede *adivinar* el futuro?
Who can foretell the future?

Present	Preterite	Imperfect	Future	Conditional
adivino	adiviné	adivinaba	adivinaré	adivinaría
adivinas	adivinaste	adivinabas	adivinarás	adivinarías
adivina	adivinó	adivinaba	advinará	adivinaría
adivinamos	adivinamos	adivinábamos	adivinaremos	adivinaríamos
adivináis	adivinasteis	adivinabais	adivinaréis	adivinaríais
adivinan	adivinaron	adivinaban	adivinarán	adivinarían

Present Subjunctive	Imperfect Subjunctive	Imperative	Present Participle	Past Participle
adivine	adivinara	adivina	adivinando	adivinado
adivines	adivinaras	adivines*		
adivine	adivinara	adivinad		
adivinemos	adivináramos	adivinéis*		
adivinéis	adivinarais	adivine		
adivinen	adivinaran	adivinen		

VENDER
to sell; to vend

Se venden muchos automóviles en diciembre.
Many cars are sold in December.

Present	Preterite	Imperfect	Future	Conditional
venzo	vencí	vencía	venceré	vencería
vences	venciste	vencías	vencerás	vencerías
vence	venció	vencía	vencerá	vencería
vencemos	vencimos	vencíamos	venceremos	venceríamos
vencéis	vencisteis	vencíais	venceréis	venceríais
vencen	vencieron	vencían	vencerán	vencerían

Present Subjunctive	Imperfect Subjunctive	Imperative	Present Participle	Past Participle
venza	venciera	vence	venciendo	vencido
venzas	vencieras	venzas*		
venza	venciera	venced		
venzamos	venciéramos	venzáis*		
venzáis	vencierais	venza		
venzan	vencieran	venzan		

ADQUIRIR

to acquire; to obtain; to get

Juan y José habían *adquirido* un automóvil nuevo.

John and Joe had acquired a new car.

Present	**Preterite**	**Imperfect**	**Future**	**Conditional**
adquiero	adquirí	adquiría	adquiriré	adquiriría
adquieres	adquiriste	adquirías	adquirirás	adquirirías
adquiere	adquirió	adquiría	adquirirá	adquiriría
adquirimos	adquirimos	adquiríamos	adquiriremos	adquiriríamos
adquirís	adquiristeis	adquiríais	adquiriréis	adquiriríais
adquieren	adquirieron	adquirían	adquirirán	adquirirían

Present Subjunctive	**Imperfect Subjunctive**	**Imperative**	**Present Participle**	**Past Participle**
adquiera	adquiriera	adquiere	adquiriendo	adquirido
adquieras	adquirieras	adquieras*		
adquiera	adquiriera	adquirid		
adquiramos	adquiriéramos	adquiráis*		
adquiráis	adquirierais	adquiera		
adquieran	adquirieran	adquieran		

VENCER
to conquer; to vanquish; to overcome

Hernán Cortez *venció* al ejército de los Aztecas.
Hernando Cortez defeated the army of the Aztecs.

AFIRMAR

to affirm; to state; to ensure

El joven *afirmó* su decisión de ayudar a los pobres.
The young man affirmed his decision to help the poor.

Present	Preterite	Imperfect	Future	Conditional
varío	varié	variaba	variaré	variaría
varías	variaste	variabas	variarás	variarías
varía	varió	variaba	variará	variaría
variamos	variamos	variábamos	variaremos	variaríamos
variáis	variasteis	variabais	variaréis	variaríais
varían	variaron	variaban	variarán	variarían

Present Subjunctive	Imperfect Subjunctive	Imperative	Present Participle	Past Participle
varíe	variara	varía	variando	variado
varíes	variaras	varíes*		
varíe	variara	variad		
variemos	variáramos	variéis*		
variéis	variarais	varíe		
varíen	variaran	varíen		

Present	Preterite	Imperfect	Future	Conditional
afirmo	afirmé	afirmaba	afirmaré	afirmaría
afirmas	afirmaste	afirmabas	afirmarás	afirmarías
afirma	afirmó	afirmaba	afirmará	afirmaría
afirmamos	afirmamos	afirmábamos	afirmaremos	afirmaríamos
afirmáis	afirmasteis	afirmabais	afirmaréis	afirmaríais
afirman	afirmaron	afirmaban	afirmarán	afirmarían

Present Subjunctive	Imperfect Subjunctive	Imperative	Present Participle	Past Participle
afirme	afirmara	afirma	afirmando	afirmado
afirmes	afirmaras	afirmes*		
afirme	afirmara	afirmad		
afirmemos	afirmáramos	afirméis*		
afirméis	afirmarais	afirme		
afirmen	afirmaran	afirmen		

VARIAR

to vary; to change or alter

En el verano, la temperatura *varía* de 80 a 100 grados.
In the summer, the temperature varies from 80 to 100 degrees.

Present	Preterite	Imperfect	Future	Conditional
vacío	vacié	vaciaba	vaciaré	vaciaría
vacías	vaciaste	vaciabas	vaciarás	vaciarías
vacía	vació	vaciaba	vaciará	vaciaría
vaciamos	vaciamos	vaciábamos	vaciaremos	vaciaríamos
vaciáis	vaciasteis	vaciabais	vaciaréis	vaciaríais
vacían	vaciaron	vaciaban	vaciarán	vaciarían

Present Subjunctive	Imperfect Subjunctive	Imperative	Present Participle	Past Participle
vacíe	vaciara	vacía	vaciando	vaciado
vacíes	vaciaras	vacíes*		
vacíe	vaciara	vaciad		
vaciemos	vaciáramos	vaciéis*		
vaciéis	vaciarais	vacíe		
vacíen	vaciaran	vacíen		

AGRADAR

to please; to be pleasing to

A mi madre le *agradan* las novelas románticas.
Romance novels please my mother.

VACIAR
to empty

Chicos, *vacíen* sus vasos antes de lavarlos.
Boys, empty your glasses before washing them.

Present	Preterite	Imperfect	Future	Conditional
agrado	agradé	agradaba	agradaré	agradaría
agradas	agradaste	agradabas	agradarás	agradarías
agrada	agradó	agradaba	agradará	agradaría
agradamos	agradamos	agradábamos	agradaremos	agradaríamos
agradáis	agradasteis	agradabais	agradaréis	agradaríais
agradan	agradaron	agradaban	agradarán	agradarían

Present Subjunctive	Imperfect Subjunctive	Imperative	Present Participle	Past Participle
agrade	agradara	—	agradando	agradado
agrades	agradaras	agrada		
agrade	agradara	agrades*		
agrademos	agradáramos	agradad		
agradéis	agradarais	agradéis*		
agraden	agradaran	agrade		
		agraden		

Present	Preterite	Imperfect	Future	Conditional
uso	usé	usaba	usaré	usaría
usas	usaste	usabas	usarás	usarías
usa	usó	usaba	usará	usaría
usamos	usamos	usábamos	usaremos	usaríamos
usáis	usasteis	usabais	usaréis	usaríais
usan	usaron	usaban	usarán	usarían

Present Subjunctive	Imperfect Subjunctive	Imperative	Present Participle	Past Participle
use	usara	usa	usando	usado
uses	usaras	uses*		
use	usara	usad		
usemos	usáramos	uséis*		
uséis	usarais	use		
usen	usaran	usen		

AGUANTAR

to put up with; to stand; to bear

Yo no puedo *aguantar* estas condiciones.
I cannot put up with these conditions.

Present	Preterite	Imperfect	Future	Conditional
aguanto	aguanté	aguantaba	aguantaré	aguantaría
aguantas	aguantaste	aguantabas	aguantarás	aguantarías
aguanta	aguantó	aguantaba	aguantará	aguantaría
aguantamos	aguantamos	aguantábamos	aguantaremos	aguantaríamos
aguantáis	aguantasteis	aguantabais	aguanataréis	aguantaríais
aguantan	aguantaron	aguantaban	aguantarán	aguantarían

Present Subjunctive	Imperfect Subjunctive	Imperative	Present Participle	Past Participle
aguante	aguantara	aguanta	aguantando	aguantado
aguantes	aguantaras	aguantes*		
aguante	aguantara	aguantad		
aguantemos	aguantáramos	aguantéis*		
aguantéis	aguantarais	aguante		
aguanten	aguantaran	aguanten		

USAR

to use; to wear an item of clothing [regularly]

Los hombres *usan* corbata en su trabajo.
Men wear ties at work.

AHORRAR

to save [money]; to save [in a computer]

Mi primo ahorraba su dinero cada semana.
My cousin saved his money every week.

Present	Preterite	Imperfect	Future	Conditional
uno	uní	unía	uniré	uniría
unes	uniste	unías	unirás	unirías
une	unió	unía	unirá	uniría
unimos	unimos	uníamos	uniremos	uniríamos
unís	unisteis	uníais	uniréis	uniríais
unen	unieron	unían	unirán	unirían

Present Subjunctive	Imperfect Subjunctive	Imperative	Present Participle	Past Participle
una	uniera	une	uniendo	unido
unas	unieras	unas*		
una	uniera	unid		
unamos	uniéramos	unáis*		
unáis	unierais	una		
unan	unieran	unan		

UNIR(SE)

to unite; to combine; to join

Fernando e Isabel *unieron* sus reinos cuando se casaron.
Ferdinand and Isabella joined their kingdoms when they married.

Present	Preterite	Imperfect	Future	Conditional
ahorro	ahorré	ahorraba	ahorraré	ahorraría
ahorras	ahorraste	ahorrabas	ahorrarás	ahorrarías
ahorra	ahorró	ahorraba	ahorrará	ahorraría
ahorramos	ahorramos	ahorrábamos	ahorraremos	ahorraríamos
ahorráis	ahorrasteis	ahorrabais	ahorraréis	ahorraríais
ahorran	ahorraron	ahorraban	ahorrarán	ahorrarían

Present Subjunctive	Imperfect Subjunctive	Imperative	Present Participle	Past Participle
ahorre	ahorrara	ahorra	ahorrando	ahorrado
ahorres	ahorraras	ahorres*		
ahorre	ahorrara	ahorrad		
ahorremos	ahorráramos	ahorréis*		
ahorréis	ahorrarais	ahorre		
ahorren	ahorraran	ahorren		

ALABAR
to praise

Todos *alababan* la inteligencia del chico.
Everyone praised the boy's intelligence.

Present	Preterite	Imperfect	Future	Conditional
ubico	ubiqué	ubicaba	ubicaré	ubicaría
ubicas	ubicaste	ubicabas	ubicarás	ubacarías
ubica	ubicó	ubicaba	ubicará	ubicaría
ubicamos	ubicamos	ubicábamos	ubicaremos	ubicaríamos
ubicáis	ubicasteis	ubicabais	ubicaréis	ubicaríais
ubican	ubicaron	ubicaban	ubicarán	ubicarían

Present Subjunctive	Imperfect Subjunctive	Imperative	Present Participle	Past Participle
ubique	ubicara	ubica	ubicando	ubicado
ubiques	ubicaras	ubiques*		
ubique	ubicara	ubicad		
ubiquemos	ubicáramos	ubiquéis*		
ubiquéis	ubicarais	ubique		
ubiquen	ubicaran	ubiquen		

Present	Preterite	Imperfect	Future	Conditional
alabo	alabé	alababa	alabaré	alabaría
alabas	alabaste	alababas	alabarás	alabarías
alaba	alabó	alababa	alabará	alabaría
alabamos	alabamos	alabábamos	alabaremos	alabaríamos
alabáis	alabasteis	alababais	alabaréis	alabaríais
alaban	alabaron	alababan	alabarán	alabarían

Present Subjunctive	Imperfect Subjunctive	Imperative	Present Participle	Past Participle
alabe	alabara		alabando	alabado
alabes	alabaras	alaba		
alabe	alabara	alabes*		
alabemos	alabáramos	alabad		
alabéis	alabarais	alabéis*		
alaben	alabaran	alabe		
		alaben		

UBICAR
to place; to be located; to locate

La oficina del presidente está *ubicada* en este edificio.
The president's office is located in this building.

ALEJAR(SE)
to move away; to situate farther

Siempre nos *alejamos* del peligro.
We always move away from danger.

Present	Preterite	Imperfect	Future	Conditional
trato	traté	trataba	trataré	trataría
tratas	trataste	tratabas	tratarás	tratarías
trata	trató	trataba	tratará	trataría
tratamos	tratamos	tratábamos	trataremos	trataríamos
tratáis	tratasteis	tratabais	trataréis	trataríais
tratan	trataron	trataban	tratarán	tratarían

Present Subjunctive	Imperfect Subjunctive	Imperative	Present Participle	Past Participle
trate	tratara	trata	tratando	tratado
trates	trataras	trates*		
trate	tratara	tratad		
tratemos	tratáramos	tratéis*		
tratéis	tratarais	trate		
traten	trataran	traten		

TRATAR
to try; to deal with; to attempt

La novela *trata* de las costumbres del sur durante la revolución.
The novel deals with the traditions of the South during the revolution.

Present	Preterite	Imperfect	Future	Conditional
alejo	alejé	alejaba	alejaré	alejaría
alejas	alejaste	alejabas	alejarás	alejarías
aleja	alejó	alejaba	alejará	alejaría
alejamos	alejamos	alejábamos	alejaremos	alejaríamos
alejáis	alejasteis	alejabais	alejaréis	alejaríais
alejan	alejaron	alejaban	alejarán	alejarían

Present Subjunctive	Imperfect Subjunctive	Imperative	Present Participle	Past Participle
aleje	alejara	aleja	alejando	alejado
alejes	alejaras	alejes*		
aleje	alejara	alejad		
alejemos	alejáramos	alejéis*		
alejéis	alejarais	aleje		
alejen	alejaran	alejen		

Present	Preterite	Imperfect	Future	Conditional
traslado	trasladé	trasladaba	trasladaré	trasladaría
trasladas	trasladaste	trasladabas	trasladarás	trasladarías
traslada	trasladó	trasladaba	trasladará	trasladaría
trasladamos	trasladamos	trasladábamos	trasladaremos	trasladaríamos
trasladáis	trasladasteis	trasladabais	trasladaréis	trasladaríais
trasladan	trasladaron	trasladaban	trasladarán	trasladarían

Present Subjunctive	Imperfect Subjunctive	Imperative	Present Participle	Past Participle
traslade	trasladara	traslada	trasladando	trasladado
traslades	trasladaras	traslades*		
traslade	trasladara	trasladad		
traslademos	trasladáramos	trasladéis*		
trasladéis	trasladarais	traslade		
trasladen	trasladaran	trasladen		

ALIVIAR
to relieve; to lighten; to lessen; to soothe, to alleviate

La medicina *alivió* la condición del enfermo.
The medicine soothed the condition of the sick person.

Present	Preterite	Imperfect	Future	Conditional
alivio	alivié	aliviaba	aliviaré	aliviaría
alivias	aliviaste	aliviabas	aliviarás	aliviarías
alivia	alivió	aliviaba	aliviará	aliviaría
aliviamos	aliviamos	aliviábamos	aliviaremos	aliviaríamos
aliviáis	aliviasteis	aliviabais	aliviaréis	aliviaríais
alivian	aliviaron	aliviaban	aliviarán	aliviarían

Present Subjunctive	Imperfect Subjunctive	Imperative	Present Participle	Past Participle
alivie	aliviara	alivia	aliviando	aliviado
alivies	aliviaras	alivies*		
alivie	aliviara	aliviad		
aliviemos	aliviáramos	aliviéis*		
aliviéis	aliviarais	alivie		
alivien	aliviaran	alivien		

TRASLADAR(SE)
to transfer; to move

El empleado fue *trasladado* a la oficina principal.
The employee was transferred to the main office.

Present	Preterite	Imperfect	Future	Conditional
trago	tragué	tragaba	tragaré	tragaría
tragas	tragaste	tragabas	tragarás	tragarías
traga	tragó	tragaba	tragará	tragaría
tragamos	tragamos	tragábamos	tragaremos	tragaríamos
tragáis	tragasteis	tragabais	tragaréis	tragaríais
tragan	tragaron	tragaban	tragarán	tragarían

Present Subjunctive	Imperfect Subjunctive	Imperative	Present Participle	Past Participle
trague	tragara	traga	tragando	tragado
tragues	tragaras	tragues*		
trague	tragara	tragad		
traguemos	tragáramos	traguéis*		
traguéis	tragarais	trague		
traguen	tragaran	traguen		

ALMORZAR
to eat lunch; to lunch

¿Qué almorzaste hoy?
What did you eat for lunch today?

Present	**Preterite**	**Imperfect**	**Future**	**Conditional**
almuerzo	almorcé	almorzaba	almorzaré	almorzaría
almuerzas	almorzaste	almorzabas	almorzarás	almorzarías
almuerza	almorzó	almorzaba	almorzará	almorzaría
almorzamos	almorzamos	almorzábamos	almorzaremos	almorzaríamos
almorzáis	almorzasteis	almorzabais	almorzaréis	almorzaríais
almuerzan	almorzaron	almorzaban	almorzarán	almorzarían

Present Subjunctive	**Imperfect Subjunctive**	**Imperative**	**Present Participle**	**Past Participle**
almuerce	almorzara		almorzando	almorzado
almuerces	almorzaras	almuerza		
almuerce	almorzara	almuerces*		
almorcemos	almorzáramos	almorzad		
almorcéis	almorzarais	almorcéis*		
almuercen	almorzaran	almuerce		
		almuercen		

TRAGAR(SE)
to swallow; to tolerate [to stand]

No puedo *tragar* su comportamiento en la clase.
I can't stand his behavior in class.

Present	Preterite	Imperfect	Future	Conditional
traigo	traje	traía	traeré	traería
traes	trajiste	traías	traerás	traerías
trae	trajo	traía	traerá	traería
traemos	trajimos	traíamos	traeremos	traeríamos
traéis	trajisteis	traíais	traeréis	traeríais
traen	trajeron	traían	traerán	traerían

Present Subjunctive	Imperfect Subjunctive	Imperative	Present Participle	Past Participle
traiga	trajera	trae	trayendo	traído
traigas	trajeras	traigas*		
traiga	trajera	traed		
traigamos	trajéramos	traigas*		
traigáis	trajerais	traiga		
traigan	trajeran	traigan		

AMENAZAR

to threaten

El criminal *amenazó* a la policía.

The criminal threatened the police.

Present	Preterite	Imperfect	Future	Conditional
amenazo	amenacé	amenazaba	amenazaré	amenazaría
amenazas	amenazaste	amenazabas	amenazarás	amenazarías
amenaza	amenazó	amenazaba	amenazará	amenazaría
amenazamos	amenazamos	amenazábamos	amenazaremos	amenazaríamos
amenazáis	amenazasteis	amenazabais	amenazaréis	amenazaríais
amenazan	amenazaron	amenazaban	amenazarán	amenazarían

Present Subjunctive	Imperfect Subjunctive	Imperative	Present Participle	Past Participle
amenace	amenazara	amenaza	amenazando	amenazado
amenaces	amenazaras	amenaces*		
amenace	amenazara	amenazad		
amenacemos	amenazáramos	amenacéis*		
amenacéis	amenazarais	amenace		
amenacen	amenazaran	amenacen		

TRAER
to bring; to wear clothing

La joven *trae* blusa blanca con pantalones negros.
The young lady is wearing a white blouse with black pants.

Present	Preterite	Imperfect	Future	Conditional
traduzco	traduje	traducía	traduciré	traduciría
traduces	tradujiste	traducías	traducirás	traducirías
traduce	tradujo	traducía	traducirá	traduciría
traducimos	tradujimos	traducíamos	traduciremos	traduciríamos
traducís	tradujisteis	traducíais	traduciréis	traduciríais
traducen	tradujeron	traducían	traducirán	traducirían

Present Subjunctive	Imperfect Subjunctive	Imperative	Present Participle	Past Participle
traduzca	tradujera	traduce	traduciendo	traducido
traduzcas	tradujeras	traduzcas*		
traduzca	tradujera	traducid		
traduzcamos	tradujéramos	traduzcáis*		
traduzcáis	tradujerais	traduzca		
traduzcan	tradujeran	traduzcan		

ANDAR
to walk

La clase *anduvo* al gimnasio por la mañana.
The class walked to the gymnasium in the morning.

Present	Preterite	Imperfect	Future	Conditional
ando	anduve	andaba	andaré	andaría
andas	anduviste	andabas	andarás	andarías
anda	anduvo	andaba	andará	andaría
andamos	anduvimos	andábamos	andaremos	andaríamos
andáis	anduvisteis	andabais	andaréis	andaríais
andan	anduvieron	andaban	andarán	andarían

Present Subjunctive	Imperfect Subjunctive	Imperative	Present Participle	Past Participle
ande	anduviera	anda	andando	andado
andes	anduvieras	andes*		
ande	anduviera	andad		
andemos	anduviéramos	andéis*		
andáis	anduvierais	ande		
anden	anduvieran	anden		

TRADUCIR
to translate; to convey

El manuscrito fue *traducido* por el profesor.
The manuscript was translated by the professor.

Present	Preterite	Imperfect	Future	Conditional
trabajo	trabajé	trabajaba	trabajaré	trabajaría
trabajas	trabajaste	trabajabas	trabajarás	trabajarías
trabaja	trabajó	trabajaba	trabajará	trabajaría
trabajamos	trabajamos	trabajábamos	trabajaremos	trabajaríamos
trabajáis	trabajasteis	trabajabais	trabajaréis	trabajaríais
trabajan	trabajaron	trabajaban	trabajarán	trabajarían

Present Subjunctive	Imperfect Subjunctive	Imperative	Present Participle	Past Participle
trabaje	trabajara	trabaja	trabajando	trabajado
trabajes	trabajaras	trabajes*		
trabaje	trabajara	trabajad		
trabajemos	trabajáramos	trabajéis*		
trabajéis	trabajarais	trabaje		
trabajen	trabajaran	trabajen		

ANHELAR

to long for

Anhelo los años que han pasado.
I long for the years that have passed.

Present	Preterite	Imperfect	Future	Conditional
anhelo	anhelé	anhelaba	anhelaré	anhelaría
anhelas	anhelaste	anhelabas	anhelarás	anhelarías
anhela	anheló	anhelaba	anhelará	anhelaría
anhelamos	anhelamos	anhelábamos	anhelaremos	anhelaríamos
anheláis	anhelasteis	anhelabais	anhelaréis	anhelaríais
anhelan	anhelaron	anhelaban	anhelarán	anhelarían

Present Subjunctive	Imperfect Subjunctive	Imperative	Present Participle	Past Participle
anhele	anhelara	anhela	anhelando	anhelado
anheles	anhelaras	anheles*		
anhele	anhelara	anhelad		
anhelemos	anheláramos	anheléis*		
anheléis	anhelarais	anhele		
anhelen	anhelaran	anhelen		

TRABAJAR
to work

Trabajamos cuarenta horas por semana.
We work 40 hours a week.

Present	Preterite	Imperfect	Future	Conditional
tomo	tomé	tomaba	tomaré	tomaría
tomas	tomaste	tomabas	tomarás	tomarías
toma	tomó	tomaba	tomará	tomaría
tomamos	tomamos	tomábamos	tomaremos	tomaríamos
tomáis	tomasteis	tomabais	tomaréis	tomaríais
toman	tomaron	tomaban	tomarán	tomarían

Present Subjunctive	Imperfect Subjunctive	Imperative	Present Participle	Past Participle
tome	tomara	toma	tomando	tomado
tomes	tomaras	tomes*		
tome	tomara	tomad		
tomemos	tomáramos	toméis*		
toméis	tomarais	tome		
tomen	tomaran	tomen		

APOYAR

to lean; to support; to uphold

Nosotros *apoyamos* los ideales de nuestra patria.
We support the ideals of our country.

Present	Preterite	Imperfect	Future	Conditional
apoyo	apoyé	apoyaba	apoyaré	apoyaría
apoyas	apoyaste	apoyabas	apoyarás	apoyarías
apoya	apoyó	apoyaba	apoyará	apoyaría
apoyamos	apoyamos	apoyábamos	apoyaremos	apoyaríamos
apoyáis	apoyasteis	apoyabais	apoyaréis	apoyaríais
apoyan	apoyaron	apoyaban	apoyarán	apoyarían

Present Subjunctive	Imperfect Subjunctive	Imperative	Present Participle	Past Participle
apoye	apoyara	apoya	apoyando	apoyado
apoyes	apoyaras	apoyes*		
apoye	apoyara	apoyad		
apoyemos	apoyáramos	apoyéis*		
apoyéis	apoyarais	apoye		
apoyen	apoyaran	apoyen		

TOMAR
to take; to consume [food, drink]

Para la merienda, *tomamos* café o chocolate caliente.
For the afternoon snack, we have (consume) coffee or hot chocolate.

Present	Preterite	Imperfect	Future	Conditional
toco	toqué	tocaba	tocaré	tocaría
tocas	tocaste	tocabas	tocarás	tocarías
toca	tocó	tocaba	tocará	tocaría
tocamos	tocamos	tocábamos	tocaremos	tocaríamos
tocáis	tocasteis	tocabais	tocaréis	tocaríais
tocan	tocaron	tocaban	tocarán	tocarían

Present Subjunctive	Imperfect Subjunctive	Imperative	Present Participle	Past Participle
toque	tocara	toca	tocando	tocado
toques	tocaras	toques*		
toque	tocara	tocad		
toquemos	tocáramos	toquéis*		
toquéis	tocarais	toque		
toquen	tocaran	toquen		

APRESURAR(SE)
to hurry; to hasten

Jamás me *apresuro* para terminar mi tarea.
I never hurry to finish my homework.

TOCAR
to touch; to play [music, an instrument]; to be one's turn

A Juan le *toca* ir a la pizarra.
It's John's turn to go to the board.

Present	Preterite	Imperfect	Future	Conditional
apresuro	apresuré	apresuraba	apresuraré	apresuraría
apresuras	apresuraste	apresurabas	apresurarás	apresurarías
apresura	apresuró	apresuraba	apresurará	apresuraría
apresuramos	apresuramos	apresurábamos	apresuraremos	apresuraríamos
apresuráis	apresurasteis	apresurabais	apresuraréis	apresuraríais
apresuran	apresuraron	apresuraban	apresurarán	apresurarían

Present Subjunctive	Imperfect Subjunctive	Imperative	Present Participle	Past Participle
apresure	apresurara	apresura	apresurando	apresurado
apresures	apresuraras	apresures*		
apresure	apresurara	apresurad		
apresuremos	apresuráram	apresuréis*		
apresuréis	apresurarais	apresure		
apresuren	apresuraran	apresuren		

Present	Preterite	Imperfect	Future	Conditional
tiro	tiré	tiraba	tiraré	tiraría
tiras	tiraste	tirabas	tirarás	tirarías
tira	tiró	tiraba	tirará	tiraría
tiramos	tiramos	tirábamos	tiraremos	tiraríamos
tiráis	tirasteis	tirabais	tiraréis	tiraríais
tiran	tiraron	tiraban	tirarán	tirarían

Present Subjunctive	Imperfect Subjunctive	Imperative	Present Participle	Past Participle
tire	tirara	tira	tirando	tirado
tires	tiraras	tires*		
tire	tirara	tirad		
tiremos	tiráramos	tiréis*		
tiréis	tirarais	tire		
tiren	tiraran	tiren		

APRETAR

to tighten; to squeeze; to hold tight

Aprieta los tornillos un poco más fuerte.
Tighten the screws a little stronger.

Present	**Preterite**	**Imperfect**	**Future**	**Conditional**
aprieto	apreté	apretaba	apretaré	apretaría
aprietas	apretaste	apretabas	apretarás	apretarías
aprieta	apretó	apretaba	apretará	apretaría
apretamos	apretamos	apretábamos	apretaremos	apretaríamos
apretáis	apretasteis	apretabais	apretaréis	apretaríais
aprietan	apretaron	apretaban	apretarán	apretarían

Present Subjunctive	**Imperfect Subjunctive**	**Imperative**	**Present Participle**	**Past Participle**
apriete	apretara	aprieta	apretando	apretado
aprietes	apretaras	aprietes*		
apriete	apretara	apretad		
apretemos	apretáramos	apretéis*		
apretéis	apretarais	apriete		
aprieten	apretaran	aprieten		

TIRAR
to throw; to throw away; to pull

No *tiren* basura en el piso.
Don't throw trash on the floor.

Present	Preterite	Imperfect	Future	Conditional
termino	terminé	terminaba	terminaré	terminaría
terminas	terminaste	terminabas	terminarás	terminarías
termina	terminó	terminaba	terminará	terminaría
terminamos	terminamos	terminábamos	terminaremos	terminaríamos
termináis	terminasteis	terminabais	terminaréis	terminaríais
terminan	terminaron	terminaban	terminarán	terminarían

Present Subjunctive	Imperfect Subjunctive	Imperative	Present Participle	Past Participle
termine	terminara	termina	terminando	terminado
termines	terminaras	termines*		
termine	terminara	terminad		
terminemos	termináramos	terminéis*		
terminéis	terminarais	termine		
terminen	terminaran	terminen		

APROBAR

to approve [of]; to pass [a test]; to ratify

Mis compañeros de clase *aprobaron* todos sus exámenes.
My classmates passed all their exams.

Present	Preterite	Imperfect	Future	Conditional
apruebo	aprobé	aprobaba	aprobaré	aprobaría
apruebas	aprobaste	aprobabas	aprobarás	aprobarías
aprueba	aprobó	aprobaba	aprobará	aprobaría
aprobamos	aprobamos	aprobábamos	aprobaremos	aprobaríamos
aprobáis	aprobasteis	aprobabais	aprobaréis	aprobaríais
aprueban	aprobaron	aprobaban	aprobarán	aprobarían

Present Subjunctive	Imperfect Subjunctive	Imperative	Present Participle	Past Participle
apruebe	aprobara	aprueba	aprobando	aprobado
apruebes	aprobaras	apruebes*		
apruebe	aprobara	aprobad		
aprobemos	aprobáramos	aprobéis*		
aprobéis	aprobarais	apruebe		
aprueben	aprobaran	aprueben		

TERMINAR
to finish; to end

¿Ya *terminaste* tus deberes en casa?
Did you already finish your chores at home?

Present	Preterite	Imperfect	Future	Conditional
tengo	tuve	tenía	tendré	tendría
tienes	tuviste	tenías	tendrás	tendrías
tiene	tuvo	tenía	tendrá	tendría
tenemos	tuvimos	teníamos	tendremos	tendríamos
tenéis	tuvisteis	teníais	tendréis	tendríais
tienen	tuvieron	tenían	tendrán	tendrían

Present Subjunctive	Imperfect Subjunctive	Imperative	Present Participle	Past Participle
tenga	tuviera	ten	teniendo	tenido
tengas	tuvieras	tengas*		
tenga	tuviera	tened		
tengamos	tuviéramos	tengáis*		
tengáis	tuvierais	tenga		
tengan	tuvieran	tengan		

APROVECHAR(SE)

to take advantage of; to avail oneself

¿Te *aprovechaste* de la prórroga que te dieron tus profesores?
Did you take advantage of the time extension your professors gave you?

Present	**Preterite**	**Imperfect**	**Future**	**Conditional**
aprovecho	aproveché	aprovechaba	aprovecharé	aprovecharía
aprovechas	aprovechaste	aprovechabas	aprovecharás	aprovecharías
aprovecha	aprovechó	aprovechaba	aprovechará	aprovecharía
aprovechamos	aprovechamos	aprovechábamos	aprovecharemos	aprovecharíamos
aprovecháis	aprovechasteis	aprovechabais	aprovecharéis	aprovecharías
aprovechan	aprovecharon	aprovechaban	aprovecharán	aprovecharían

Present Subjunctive	**Imperfect Subjunctive**	**Imperative**	**Present Participle**	**Past Participle**
aproveche	aprovechara	aprovecha	aprovechando	aprovechado
aproveches	aprovecharas	aproveches*		
aproveche	aprovechara	aprovechad		
aprovechemos	aprovecháramos	aprovechéis*		
aprovechéis	aprovecharais	aproveche		
aprovechen	aprovecharan	aprovechen		

TENER
to have; to hold; to be; to take

¿Tienes dinero para ir al parque zoológico?
Do you have money to go to the zoo?

Present	Preterite	Imperfect	Future	Conditional
temo	temí	temía	temeré	temería
temes	temiste	temías	temerás	temerías
teme	temió	temía	temerá	temería
tememos	temimos	temíamos	temeremos	temeríamos
teméis	temisteis	temíais	temeréis	temeríais
temen	temieron	temían	temerán	temerían

Present Subjunctive	Imperfect Subjunctive	Imperative	Present Participle	Past Participle
tema	temiera		temiendo	temido
temas	temieras	teme		
tema	temiera	temas*		
temamos	temiéramos	temed		
temáis	temierais	temáis*		
teman	temieran	tema		
		teman		

ARDER

to burn; to blaze

La casa *ardía* mientras esperaban a los bomberos.
The house was burning while they awaited the firemen.

TEMER
to fear

Alicia y Adela *temen* que tengan que viajar por la noche.
Alicia and Adele fear that they will have to travel at night.

Present	Preterite	Imperfect	Future	Conditional
ardo	ardí	ardía	arderé	ardería
ardes	ardiste	ardías	arderás	arderías
arde	ardió	ardía	arderá	ardería
ardemos	ardimos	ardíamos	arderemos	arderíamos
ardéis	ardisteis	ardíais	arderéis	arderíais
arden	ardieron	ardían	arderán	arderían

Present Subjunctive	Imperfect Subjunctive	Imperative	Present Participle	Past Participle
arda	ardiera	arde	ardiendo	ardido
ardas	ardieras	ardas*		
arda	ardiera	ardid		
ardamos	ardiéramos	ardáis*		
ardáis	ardierais	arda		
ardan	ardieran	ardan		

Present	Preterite	Imperfect	Future	Conditional
tiemblo	temblé	temblaba	temblaré	temblaría
tiemblas	temblaste	temblabas	temblarás	temblarías
tiembla	tembló	temblaba	temblará	temblaría
temblamos	temblamos	temblábamos	temblaremos	temblaríamos
tembláis	temblasteis	temblabais	temblaréis	temblaríais
tiemblan	temblaron	temblaban	temblarán	temblarían

Present Subjunctive	Imperfect Subjunctive	Imperative	Present Participle	Past Participle
tiemble	temblara		temblando	temblado
tiembles	temblaras	tiembla		
tiemble	temblara	tiembles*		
temblemos	tembláramos	temblad		
tembléis	temblarais	tembléis*		
tiemblen	temblaran	tiemble		
		tiemblen		

ARREGLAR

to fix; to arrange; to repair

El mecánico *arregla* el televisor que está roto.
The repairman fixes the broken television set.

TEMBLAR

to shiver; to shake; to tremble

El viajero *temblaba* de frío.
The traveller shivered because of the cold.

Present	Preterite	Imperfect	Future	Conditional
arreglo	arreglé	arreglaba	arreglaré	arreglaría
arreglas	arreglaste	arreglabas	arreglarás	arreglarías
arregla	arregló	arreglaba	arreglará	arreglaría
arreglamos	arreglamos	arreglábamos	arreglaremos	arreglaríamos
arregláis	arreglasteis	arreglabais	arreglaréis	arreglaríais
arreglan	arreglaron	arreglaban	arreglarán	arreglarían

Present Subjunctive	Imperfect Subjunctive	Imperative	Present Participle	Past Participle
arregle	arreglara	arregla	arreglando	arreglado
arregles	arreglaras	arregles*		
arregle	arreglara	arreglad		
arreglemos	arregláramos	arregléis*		
rregléis	arreglarais	arregle		
arreglen	arreglaran	arreglen		

Present	Preterite	Imperfect	Future	Conditional
telefoneo	telefoneé	telefoneaba	telefonearé	telefonearía
telefoneas	telefoneaste	telefoneabas	telefonearás	telefonearías
telefonea	telefoneó	telefoneaba	telefoneará	telefonearía
telefoneamos	telefoneamos	telefoneábamos	telefonearemos	telefonearíamos
telefoneáis	telefoneasteis	telefoneabais	telefonearéis	telefonearíais
telefonean	telefonearon	telefoneaban	telefonearán	telefonearían

Present Subjunctive	Imperfect Subjunctive	Imperative	Present Participle	Past Participle
telefonee	telefoneara	telefonea	telefoneando	telefoneado
telefonees	telefonearas	telefonees*		
telefonee	telefoneara	telefonead		
telefoneemos	telefoneáramos	telefoneéis*		
telefoneéis	telefonearais	telefonee		
telefoneen	telefonearan	telefoneen		

ARROJAR

to throw

Carmen *arrojó* el libro en el basurero.
Carmen threw the book in the trash.

TELEFONEAR
to telephone; to call on the phone

Dolores telefonea a Ana cuando tiene problemas.
Dolores telephones Anna when she has problems.

Present	Preterite	Imperfect	Future	Conditional
arrojo	arrojé	arrojaba	arrojaré	arrojaría
arrojas	arrojaste	arrojabas	arrojarás	arrojarías
arroja	arrojó	arrojaba	arrojará	arrojaría
arrojamos	arrojamos	arrojábamos	arrojaremos	arrojaríamos
arrojáis	arrojasteis	arrojabais	arrojaréis	arrojaríais
arrojan	arrojaron	arrojaban	arrojarán	arrojarían

Present Subjunctive	Imperfect Subjunctive	Imperative	Present Participle	Past Participle
arroje	arrojara	arroja	arrojando	arrojado
arrojes	arrojaras	arrojes*		
arroje	arrojara	arrojad		
arrojemos	arrojáramos	arrojéis*		
arrojéis	arrojarais	arroje		
arrojen	arrojaran	arrojen		

ASEGURAR

to insure, ensure; to assure; to guarantee

El dependiente me *aseguró* que la camisa me quedaba bien.
The clerk assured me that the shirt fit me well.

Present	Preterite	Imperfect	Future	Conditional
tardo	tardé	tardaba	tardaré	tardaría
tardas	tardaste	tardabas	tardarás	tardarías
tarda	tardó	tardaba	tardará	tardaría
tardamos	tardamos	tardábamos	tardaremos	tardaríamos
tardáis	tardasteis	tardabais	tardaréis	tardaríais
tardan	tardaron	tardaban	tardarán	tardarían

Present Subjunctive	Imperfect Subjunctive	Imperative	Present Participle	Past Participle
tarde	tardara		tardando	tardado
tardes	tardaras	tarda		
tarde	tardara	tardes*		
tardemos	tardáramos	tardad		
tardéis	tardarais	tardéis*		
tarden	tardaran	tarde		
		tarden		

Present	**Preterite**	**Imperfect**	**Future**	**Conditional**
aseguro	aseguré	aseguraba	aseguraré	aseguraría
aseguras	aseguraste	asegurabas	asegurarás	asegurarías
asegura	aseguró	aseguraba	asegurará	aseguraría
aseguramos	aseguramos	asegurábamos	aseguraremos	aseguraríamos
aseguráis	asegurasteis	asegurabais	aseguraréis	aseguraríais
aseguran	aseguraron	aseguraban	asegurarán	asegurarían

Present Subjunctive	**Imperfect Subjunctive**	**Imperative**	**Present Participle**	**Past Participle**
asegure	asegurara		asegurando	asegurado
asegures	aseguraras	asegura		
asegure	asegurara	asegures*		
aseguremos	aseguráramos	asegurad		
aseguréis	asegurarais	aseguréis*		
aseguren	aseguraran	asegure		
		aseguren		

TARDAR
to take [time]; to delay

No tardaremos en llegar al pueblo.
It will not take us long to get to town.

Present	Preterite	Imperfect	Future	Conditional
susurro	susurré	susurraba	susurraré	susurraría
susurras	susurraste	susurrabas	susurrarás	susurraríais
susurra	susurró	susurraba	susurrará	susurraría
susurramos	susurramos	susurrábamos	susurraremos	susurraríamos
susurráis	susurrasteis	susurrabais	susurraréis	susurraríais
susurran	susurraron	susurraban	susurrarán	susurrarían

Present Subjunctive	Imperfect Subjunctive	Imperative	Present Participle	Past Participle
susurre	susurrara	susurra	susurrando	susurrado
susurres	susurraras	susurres*		
susurre	susurrara	susurrad		
susurremos	susurráramos	susurréis*		
susurréis	susurrarais	susurre		
susurren	susurraran	susurren		

ASISTIR

to attend; to assist; to aid

Dolores y Lorenzo *asisten* al Colegio Newton.
Dolores and Lawrence attend Newton High School.

SUSURRAR
to whisper; to murmur

Es preciso que *susurremos* en la iglesia.
It is necessary that we whisper in church.

Present	Preterite	Imperfect	Future	Conditional
asisto	asistí	asistía	asistiré	asistiría
asistes	asististe	asistías	asistirás	asistirías
asiste	asistió	asistía	asistirá	asistiría
asistimos	asistimos	asistíamos	asistiremos	asistiríamos
asistís	asististeis	asistíais	asistiréis	asistiríais
asisten	asistieron	asistían	asistirán	asistirían

Present Subjunctive	Imperfect Subjunctive	Imperative	Present Participle	Past Participle
asista	asistiera		asistiendo	asistido
asistas	asistieras	asiste		
asista	asistiera	asistas*		
asistamos	asistiéramos	asistid		
asistáis	asistierais	asistáis*		
asistan	asistieran	asista		
		asistan		

Present	Preterite	Imperfect	Future	Conditional
surjo	surgí	surgía	surgiré	surgiría
surges	surgiste	surgías	surgirás	surgirías
surge	surgió	surgía	surgirá	surgiría
surgimos	surgimos	surgíamos	surgiremos	surgiríamos
surgís	surgisteis	surgíais	surgiréis	surgiríais
surgen	surgieron	surgían	surgirán	surgirían

Present Subjunctive	Imperfect Subjunctive	Imperative	Present Participle	Past Participle
surja	surgiera	surge	surgiendo	surgido
surjas	surgieras	surjas*		
surja	surgiera	surgid		
surjamos	surgiéramos	surjáis*		
surjáis	surgierais	surja		
surjan	surgieran	surjan		

ASUSTAR
to frighten

Los cazadores *asustan* a los animales en la selva.
The hunters scare the animals in the jungle.

Present	Preterite	Imperfect	Future	Conditional
asusto	asusté	asustaba	asustaré	asustaría
asustas	asustaste	asustabas	asustarás	asustarías
asusta	asustó	asustaba	asustará	asustaría
asustamos	asustamos	asustábamos	asustaremos	asustaríamos
asustáis	asustasteis	asustabais	asustaréis	asustaríais
asustan	asustaron	asustaban	asustarán	asustarían

Present Subjunctive	Imperfect Subjunctive	Imperative	Present Participle	Past Participle
asuste	asustara	asusta	asustando	asustado
asustes	asustaras	asustes*		
asuste	asustara	asustad		
asustemos	asustáramos	asustéis*		
asustéis	asustarais	asuste		
asusten	asustaran	asusten		

SURGIR
to emerge; to arise; to spring up

De su boca, *surgió* una voz alarmante.
From his mouth, an alarming voice emerged.

Present	Preterite	Imperfect	Future	Conditional
suprimo	suprimí	suprimía	suprimiré	suprimiría
suprimes	suprimiste	suprimías	suprimirás	suprimirías
suprime	suprimió	suprimía	suprimirá	suprimiría
suprimimos	suprimimos	suprimíamos	suprimiremos	suprimiríamos
suprimís	suprimisteis	suprimíais	suprimiréis	suprimiríais
suprimen	suprimieron	suprimían	suprimirán	suprimirían

Present Subjunctive	Imperfect Subjunctive	Imperative	Present Participle	Past Participle
suprima	suprimiera	suprime	suprimiendo	suprimido
suprimas	suprimieras	suprimas*		
suprima	suprimiera	suprimid		
suprimamos	suprimiéramos	suprimáis*		
suprimáis	suprimierais	suprima		
supriman	suprimieran	supriman		

ATACAR
to attack

El ejército *atacó* a sus enemigos en la batalla.
The army attacked its enemies in the battle.

Present	**Preterite**	**Imperfect**	**Future**	**Conditional**
ataco	ataqué	atacaba	atacaré	atacaría
atacas	atacaste	atacabas	atacarás	atacarías
ataca	atacó	atacaba	atacará	atacaría
atacamos	atacamos	atacábamos	atacaremos	atacaríamos
atacáis	atacasteis	atacabais	atacaréis	atacaríais
atacan	atacaron	atacaban	atacarán	atacarían

Present Subjunctive	**Imperfect Subjunctive**	**Imperative**	**Present Participle**	**Past Participle**
ataque	atacara	ataca	atacando	atacado
ataques	atacaras	ataques*		
ataque	atacaras	atacad		
ataquemos	atacáramos	ataquéis*		
ataquéis	atacarais	ataque		
ataquen	atacaran	ataquen		

SUPRIMIR
to suppress; to omit

El gobierno *suprimió* los derechos civiles durante la guerra.
The government supressed civil rights during the war.

Present	Preterite	Imperfect	Future	Conditional
supongo	supuse	suponía	supondré	supondría
supones	supusiste	suponías	supondrás	supondrías
supone	supuso	suponía	supondrá	supondría
suponemos	supusimos	suponíamos	supondremos	supondríamos
suponéis	supusisteis	suponíais	supondréis	supondríais
suponen	supusieron	suponían	supondrán	supondrían

Present Subjunctive	Imperfect Subjunctive	Imperative	Present Participle	Past Participle
suponga	supusiera	supón	suponiendo	supuesto
supongas	supusieras	supongas*		
suponga	supusiera	suponed		
supongamos	supusiéramos	supongáis*		
supongáis	supusierais	suponga		
supongan	supusieran	supongan		

Present	**Preterite**	**Imperfect**	**Future**	**Conditional**
ato	até	ataba	ataré	ataría
atas	ataste	atabas	atarás	atarías
ata	ató	ataba	atará	ataría
atamos	atamos	atábamos	ataremos	ataríamos
atáis	atasteis	atabais	ataréis	ataríais
atan	ataron	ataban	atarán	atarían

Present Subjunctive	**Imperfect Subjunctive**	**Imperative**	**Present Participle**	**Past Participle**
ate	atara	ata	atando	atado
ates	ataras	ates*		
ate	atara	atad		
atemos	atáramos	atéis*		
atéis	atarais	ate		
aten	ataran	aten		

SUPONER
to suppose; to mean; to assume

Supongo que ella tiene dinero para el viaje.
I suppose that she has money for the trip.

Present	Preterite	Imperfect	Future	Conditional
sugiero	sugerí	sugería	sugeriré	sugeriría
sugieres	sugeriste	sugerías	sugerirás	sugerirías
sugiere	sugirió	sugería	sugerirá	sugeriría
sugerimos	sugerimos	sugeríamos	sugeriremos	sugeriríamos
sugerís	sugeristeis	sugeríais	sugeriréis	sugeriríais
sugieren	sugirieron	sugerían	sugerirán	sugerirían

Present Subjunctive	Imperfect Subjunctive	Imperative	Present Participle	Past Participle
sugiera	sugiriera		sugiriendo	sugerido
sugieras	sugireras	sugiere		
sugiera	sugirera	sugieras*		
sugiramos	sugiriéramos	sugerid		
sugiráis	sugirierais	sugiráis*		
sugieran	sugirieran	sugiera		
		sugieran		

ATRAER

to attract; to draw [figuratively]

El imán *atrae* los metales.

A magnet attracts metals.

Present	Preterite	Imperfect	Future	Conditional
atraigo	atraje	atraía	atraeré	atraería
atraes	atrajiste	atraías	atraerás	atraerías
atrae	atrajo	atraía	atraerá	atraería
atraemos	atrajimos	atraíamos	atraeremos	atraeríamos
atraéis	atrajisteis	atraíais	atraeréis	atraeríais
atraen	atrajeron	atraían	atraerán	atraerían

Present Subjunctive	Imperfect Subjunctive	Imperative	Present Participle	Past Participle
atraiga	atrajera	atrae	atrayendo	atraído
atraigas	atrajeras	atraigas*		
atraiga	atrajera	atraed		
atraigamos	atrajéramos	atraigáis*		
atraigáis	atrajerais	atraiga		
atraigan	atrajeran	atraigan		

SUGERIR
to suggest; to hint

Sugiero que Uds. presten atención.
I suggest that you pay attention.

Present	Preterite	Imperfect	Future	Conditional
sufro	sufrí	sufría	sufriré	sufriría
sufres	sufriste	sufrías	sufrirás	sufrirías
sufre	sufrió	sufría	sufrirá	sufriría
sufrimos	sufrimos	sufríamos	sufriremos	sufriríamos
sufrís	sufristeis	sufríais	sufriréis	sufriríais
sufren	sufrieron	sufrían	sufrirán	sufrirían

Present Subjunctive	Imperfect Subjunctive	Imperative	Present Participle	Past Participle
sufra	sufriera	sufre	sufriendo	sufrido
sufras	sufrieras	sufras*		
sufra	sufriera	sufrid		
suframos	sufriéramos	sufráis*		
sufráis	sufrierais	sufra		
sufran	sufrieran	sufran		

ATRAVESAR

to cross; lay across

El perro *atraviesa* la calle.
The dog crosses the street.

Present	**Preterite**	**Imperfect**	**Future**	**Conditional**
atravieso	atravesé	atravesaba	atravesaré	atrevesaría
atraviesas	atravesaste	atravesabas	atravesarás	atravesarías
atraviesa	atravesó	atravesaba	atravesará	atravesaría
atravesamos	atravesamos	atravesábamos	atravesaremos	atravesaríamos
atravesáis	atravesasteis	atravesabais	atravesaréis	atravesaríais
atraviesan	atravesaron	atravesaban	atravesarán	atravesarían

Present Subjunctive	**Imperfect Subjunctive**	**Imperative**	**Present Participle**	**Past Participle**
atraviese	atravesara		atravesando	atravesado
atravieses	atravesaras	atraviesa		
atraviese	atravesara	atravieses*		
atravesemos	atravesáramos	atravesad		
atraveséis	atravesarais	atraveséis*		
atraviesen	atravesaran	atraviese		
		atraviesen		

SUFRIR
to suffer; to undergo

El paciente está *sufriendo* de una fiebre intensa.
The patient is suffering from an intense fever.

Present	Preterite	Imperfect	Future	Conditional
sucedo	sucedí	sucedía	sucederé	sucedería
sucedes	sucediste	sucedías	sucederás	sucederías
sucede	sucedió	sucedía	sucederá	sucedería
sucedemos	sucedimos	sucedíamos	sucederemos	sucederíamos
sucedéis	sucedisteis	sucedíais	sucederéis	sucederíais
suceden	sucedieron	sucedían	sucederán	sucederían

Present Subjunctive	Imperfect Subjunctive	Imperative	Present Participle	Past Participle
suceda	sucediera		sucediendo	sucedido
sucedas	sucedieras	sucede		
suceda	sucediera	sucedas*		
sucedamos	sucediéramos	suceded		
sucedáis	sucedierais	sucedáis*		
sucedan	sucedieran	suceda		
		sucedan		

ATREVER(SE)

to dare; to venture

Yo no me *atrevo* a cruzar las montañas en invierno.
I don't dare cross the mountains in the winter.

Present	**Preterite**	**Imperfect**	**Future**	**Conditional**
atrevo	atreví	atrevía	atreveré	atrevería
atreves	atreviste	atrevías	atreverás	atreverías
atreve	atrevió	atrevía	atreverá	atrevería
atrevemos	atrevimos	atrevíamos	atreveremos	atreveríamos
atrevéis	atrevisteis	atrevíais	atreveréis	atreveríais
atreven	atrevieron	atrevían	atreverán	atraverían

Present Subjunctive	**Imperfect Subjunctive**	**Imperative**	**Present Participle**	**Past Participle**
atreva	atreviera		atreviendo	atrevido
atrevas	atrevieras	atreve		
atreva	atreviera	atrevas*		
atrevamos	atreviéramos	atreved		
atreváis	atrevierais	atreváis*		
atrevan	atrevieran	atreva		
		atrevan		

SUCEDER
to happen, to occur; to succeed

No sabemos qué *sucedió* aquí.
We don't know what happened here.

AVERGONZAR(SE)

to embarrass; to shame; to be ashamed of

Ella se avergüenza de su pobreza.
She is ashamed of her poverty.

Present	Preterite	Imperfect	Future	Conditional
subrayo	subrayé	subrayaba	subrayaré	subrayaría
subrayas	subrayaste	subrayabas	subrayarás	subrayarías
subraya	subrayó	subrayaba	subrayará	subrayaría
subrayamos	subrayamos	subrayábamos	subrayaremos	subrayaríamos
subrayáis	subrayasteis	subrayabais	subrayaréis	subrayaríais
subrayan	subrayaron	subrayaban	subrayarán	subrayarían

Present Subjunctive	Imperfect Subjunctive	Imperative	Present Participle	Past Participle
subraye	subrayara	subraya	subrayando	subrayado
subrayes	subrayaras	subrayes*		
subraye	subrayara	subrayad		
subrayemos	subrayáramos	subrayéis*		
subrayéis	subrayarais	subraye		
subrayen	subrayaran	subrayen		

SUBRAYAR
to underscore, to underline; to emphasize

Debes *subrayar* el título del libro.
You should underline the book's title.

Present	Preterite	Imperfect	Future	Conditional
avergüenzo	avergoncé	avergonzaba	avergonzaré	avergonzaría
avergüenzas	avergonzaste	avergonzabas	avergonzarás	avergonzarías
avergüenza	avergonzó	avergonzaba	avergonzará	avergonzaría
avergonzamos	avergonzamos	avergonzábamos	avergonzaremos	avergonzaríamos
avergonsáis	avergonzaste	avergonzabais	avergonzaréis	avergonzaríais
avergüenzan	avergonzaron	avergonzaban	avergonzarán	avergonzarían

Present Subjunctive	Imperfect Subjunctive	Imperative	Present Participle	Past Participle
avergüence	avergonzara	avergüenza	avergonzando	avergonzado
avergüences	avergonzaras	avergüences*		
avergüence	avergonzara	avergonzad		
avergoncemos	avergonzáramos	avergoncéis*		
avergoncéis	avergonzarais	avergüence		
avergüencen	avergonzara	avergüencen		

Present	Preterite	Imperfect	Future	Conditional
sostengo	sostuve	sostenía	sostendré	sostendría
sostienes	sostuviste	sostenías	sostendrás	sostendrías
sostiene	sostuvo	sostenía	sostendrá	sostendría
sostenemos	sostuvimos	sosteníamos	sostendremos	sostendríamos
sostenéis	sostuvisteis	sosteníais	sostendréis	sostendríais
sostienen	sostuvieron	sostenían	sostendrán	sostendrían

Present Subjunctive	Imperfect Subjunctive	Imperative	Present Participle	Past Participle
sostenga	sostuviera	sostén	sosteniendo	sostenido
sostengas	sostuvieras	sostengas*		
sostenga	sostuviera	sostened		
sostengamos	sostuviéramos	sostengáis*		
sostengáis	sostuvierais	sostenga		
sostengan	sostuvieran	sostengan		

AVERIGUAR

to check; to find out; to investigate; to ascertain; to inquire into

Hay que *averiguar* las causas del accidente.
We must investigate the causes of the accident.

Present	**Preterite**	**Imperfect**	**Future**	**Conditional**
averiguo	averigüé	averiguaba	averiguaré	averiguaría
averiguas	averiguaste	averiguabas	averiguarás	averiguarías
averigua	averiguó	averiguaba	averiguará	averiguaría
averiguamos	averiguamos	averiguábamos	averiguaremos	averiguaríamos
averiguáis	averiguasteis	averiguabais	averiguaréis	averiguaríais
averiguan	averiguaron	averiguaban	averiguarán	averiguarían

Present Subjunctive	**Imperfect Subjunctive**	**Imperative**	**Present Participle**	**Past Participle**
averigüe	averiguara	averigua	averiguando	averiguado
averigües	averiguaras	averigües*		
averigüe	averiguara	averiguad		
averigüemos	averiguáramos	averigüéis*		
averigüéis	averiguarais	averigüe		
averigüen	averiguaran	averigüen		

SOSTENER

to support, to hold up; to sustain; to maintain

Siempre he *sostenido* la opinión de que los alumnos tienen razón en este caso.
I have always maintained that the students are right in this case.

Present	Preterite	Imperfect	Future	Conditional
sospecho	sospeché	sospechaba	sospecharé	sospecharía
sospechas	sospechaste	sospechabas	sospecharás	sospecharías
sospecha	sospechó	sospechaba	sospechará	sospecharía
sospechamos	sospechamos	sospechábamos	sospecharemos	sospecharíamos
sospecháis	sospechasteis	sospechabais	sospecharéis	sospecharíais
sospechan	sospecharon	sospechaban	sospecharán	sospecharían

Present Subjunctive	Imperfect Subjunctive	Imperative	Present Participle	Past Participle
sospeche	sospechara	sospecha	sospechando	sospechado
sospeches	sospecharas	sospeches*		
sospeche	sospechara	sospechad		
sospechemos	sospecháramos	sospechéis*		
sospechéis	sospecharais	sospeche		
sospechen	sospecharan	sospechen		

BAÑAR(SE)

to bathe; to bathe oneself

Cuando *bañes* al perro, usa mucho jabón.
When you bathe the dog, use a lot of soap.

SOSPECHAR

to suspect

Sospecho que ellos no tienen dinero.
I suspect that they don't have any money.

Present	Preterite	Imperfect	Future	Conditional
baño	bañé	bañaba	bañaré	bañaría
bañas	bañaste	bañabas	bañarás	bañarías
baña	bañó	bañaba	bañará	bañaría
bañamos	bañamos	bañábamos	bañaremos	bañaríamos
bañáis	bañasteis	bañabais	bañaréis	bañaríais
bañan	bañaron	bañaban	bañarán	bañarían

Present Subjunctive	Imperfect Subjunctive	Imperative	Present Participle	Past Participle
bañe	bañara	baña	bañando	bañado
bañes	bañaras	bañes*		
bañe	bañara	bañad		
bañemos	bañáramos	bañéis*		
bañéis	bañarais	bañe		
bañen	bañaran	bañen		

Present	Preterite	Imperfect	Future	Conditional
sorprendo	sorprendí	sorprendía	sorprenderé	sorprendería
sorprendes	sorprendiste	sorprendías	sorprenderás	sorprenderías
sorprende	sorprendió	sorprendía	sorprenderá	sorprendería
sorprendemos	sorprendimos	sorprendíamos	sorprenderemos	sorprenderíamos
sorprendéis	sorprendisteis	sorprendíais	sorprenderéis	sorprenderíais
sorprenden	sorprendieron	sorprendían	sorprenderán	sorprenderían

Present Subjunctive	Imperfect Subjunctive	Imperative	Present Participle	Past Participle
sorprenda	sorprendiera		sorprendiendo	sorprendido
sorprendas	sorprendieras	sorprende		
sorprenda	sorprendiera	sorprendas*		
sorprendamos	sorprendiéramos	sorprended		
sorprendáis	sorprendierais	sorprendáis*		
sorprendan	sorprendieran	sorprenda		
		sorprendan		

BENDECIR
to bless; to consecrate

El Papa *bendijo* a los peregrinos.
The Pope blessed the pilgrims.

Present	Preterite	Imperfect	Future	Conditional
bendigo	bendije	bendecía	bendeciré	bendeciría
bendices	bendijiste	bendecías	bendecirás	bendecirías
bendice	bendijo	bendecía	bendecirá	bendeciría
bendecimos	bendijimos	bendecíamos	bendeciremos	bendeciríamos
bendecís	bendijisteis	bendecíais	bendeciréis	bendeciríais
bendicen	bendijeron	bendecían	bendecirán	bendecirían

Present Subjunctive	Imperfect Subjunctive	Imperative	Present Participle	Past Participle
bendiga	bendijera		bendiciendo	bendecido
bendigas	bendijeras	bendice		
bendiga	bendijera	bendigas*		
bendigamos	bendijéramos	bendecid		
bendigáis	bendijerais	bendigáis*		
bendigan	bendijeran	bendiga		
		bendigan		

SORPRENDER(SE)
to surprise, to be surprised

Elena *se sorprendió* al ver a sus padres en la fiesta.
Elena was surprised to see her parents at the party.

Present	Preterite	Imperfect	Future	Conditional
sonrío	sonreí	sonreía	sonreiré	sonreiría
sonríes	sonreíste	sonreías	sonreirás	sonreirías
sonríe	sonrió	sonreía	sonreirá	sonreiría
sonreímos	sonreímos	sonreíamos	sonreiremos	sonreiríamos
sonreís	sonreísteis	sonreíais	sonreiréis	sonreiríais
sonríen	sonrieron	sonreían	sonreirán	sonreirían

Present Subjunctive	Imperfect Subjunctive	Imperative	Present Participle	Past Participle
sonría	sonriera		sonriendo	sonreído
sonrías	sonrieras	sonríe		
sonría	sonriera	sonrías*		
sonriamos	sonriéramos	sonreíd		
sonriáis	sonrierais	sonriáis*		
sonrían	sonrieran	sonría		
		sonrían		

BORRAR
to erase

Los estudiantes *borraron* la pizarra.
The students erased the blackboard.

Present	**Preterite**	**Imperfect**	**Future**	**Conditional**
borro	borré	borraba	borraré	borraría
borras	borraste	borrabas	borrarás	borrarías
borra	borró	borraba	borrará	borraría
borramos	borramos	borrábamos	borraremos	borraríamos
borráis	borrasteis	borrabais	borraréis	borraríais
borran	borraron	borraban	borrarán	borrarían

Present Subjunctive	**Imperfect Subjunctive**	**Imperative**	**Present Participle**	**Past Participle**
borre	borrara	borra	borrando	borrado
borres	borraras	borres*		
borre	borrara	borrad		
borremos	borráramos	borréis*		
borréis	borrarais	borre		
borren	borraran	borren		

SONREÍR(SE)
to smile

Los niños *sonrieron* cuando vieron a sus padres.
The children smiled when they saw their parents.

Present	Preterite	Imperfect	Future	Conditional
sueño	soñé	soñaba	soñaré	soñaría
sueñas	soñaste	soñabas	soñarás	soñarías
sueña	soñó	soñaba	soñará	soñaría
soñamos	soñamos	soñábamos	soñaremos	soñaríamos
soñáis	soñasteis	soñabais	soñaréis	soñaríais
sueñan	soñaron	soñaban	soñarán	soñarían

Present Subjunctive	Imperfect Subjunctive	Imperative	Present Participle	Past Participle
sueñe	soñara	sueña	soñando	soñado
sueñes	soñaras	sueñes*		
sueñe	soñara	soñad		
soñemos	soñáramos	soñéis*		
soñéis	soñarais	sueñe		
sueñen	soñaran	sueñen		

BRILLAR

to shine; to sparkle; to glitter

Las estrellas *brillan* en el cielo.
The stars shine in the sky.

SOÑAR
to dream

No *sueñes* con los ojos abiertos.
Don't daydream.

Present	Preterite	Imperfect	Future	Conditional
brillo	brillé	brillaba	brillaré	brillaría
brillas	brillaste	brillabas	brillarás	brillarías
brilla	brilló	brillaba	brillará	brillaría
brillamos	brillamos	brillábamos	brillaremos	brillaríamos
brilláis	brillasteis	brillabais	brillaréis	brillaríais
brillan	brillaron	brillaban	brillarán	brillarían

Present Subjunctive	Imperfect Subjunctive	Imperative	Present Participle	Past Participle
brille	brillara	brilla	brillando	brillado
brilles	brillaras	brilles*		
brille	brillara	brillad		
brillemos	brilláramos	brilléis*		
brilléis	brillarais	brille		
brillen	brillaran	brillen		

Present	Preterite	Imperfect	Future	Conditional
sueno	soné	sonaba	sonaré	sonaría
suenas	sonaste	sonabas	sonarás	sonarías
suena	sonó	sonaba	sonará	sonaría
sonamos	sonamos	sonábamos	sonaremos	sonaríamos
sonáis	sonasteis	sonabais	sonaréis	sonaríais
suenan	sonaron	sonaban	sonarán	sonarían

Present Subjunctive	Imperfect Subjunctive	Imperative	Present Participle	Past Participle
suene	sonara	suena	sonando	sonado
suenes	sonaras	suenes*		
suene	sonara	sonad		
sonemos	sonáramos	sonéis*		
sonéis	sonarais	suene		
suenen	sonaran	suenen		

BURLAR(SE)
to make fun of; to ridicule

El payaso *se burla* del mono.
The clown makes fun of the monkey.

Present	Preterite	Imperfect	Future	Conditional
burlo	burlé	burlaba	burlaré	burlaría
burlas	burlaste	burlabas	burlarás	burlarías
burla	burló	burlaba	burlará	burlaría
burlamos	burlamos	burlábamos	burlaremos	burlaríamos
burláis	burlasteis	burlabais	burlaréis	burlaríais
burlan	burlaron	burlaban	burlarán	burlarían

Present Subjunctive	Imperfect Subjunctive	Imperative	Present Participle	Past Participle
burle	burlara	burla	burlando	burlado
burles	burlaras	burles*		
burle	burlara	burlad		
burlemos	burláramos	burléis*		
burléis	burlarais	burle		
burlen	burlaran	burlen		

SONAR

to ring [a bell]; to sound; to blow [a nose]

Al momento que *suena* la campana, los alumnos se levantan de sus asientos.
The moment the bell rings, the students get up from their seats.

Present	Preterite	Imperfect	Future	Conditional
suelto	solté	soltaba	soltaré	soltaría
sueltas	soltaste	soltabas	soltarás	soltarías
suelta	soltó	soltaba	soltará	soltaría
soltamos	soltamos	soltábamos	soltaremos	soltaríamos
soltáis	soltasteis	soltabais	soltaréis	soltaríais
sueltan	soltaron	soltaban	soltarán	soltarían

Present Subjunctive	Imperfect Subjunctive	Imperative	Present Participle	Past Participle
suelte	soltara	suelta	soltando	soltado
sueltes	soltraras	sueltes*		
suelte	soltara	soltad		
soltemos	soltáramos	soltéis*		
soltéis	soltarais	suelte		
suelten	soltaran	suelten		

¿*Buscas* tu libro?
Are you looking for your book?

to look for; to seek

BUSCAR

Present	**Preterite**	**Imperfect**	**Future**	**Conditional**
busco	busqué	buscaba	buscaré	buscaría
buscas	buscaste	buscabas	buscarás	buscarías
busca	buscó	buscaba	buscará	buscaría
buscamos	buscamos	buscábamos	buscaremos	buscaríamos
buscáis	buscasteis	buscabais	buscaréis	buscaríais
buscan	buscaron	buscaban	buscarán	buscarían

Present Subjunctive	**Imperfect Subjunctive**	**Imperative**	**Present Participle**	**Past Participle**
busque	buscara	busca	buscando	buscado
busques	buscaras	busques*		
busque	buscara	buscad		
busquemos	buscáramos	busquéis*		
busquéis	buscarais	busque		
busquen	buscaran	busquen		

SOLTAR
to untie, to loosen; to release, to let go

Solté las riendas del caballo.
I released the horse's reins.

	Present	**Preterite**	**Imperfect**	**Future**	**Conditional**
	sirvo	serví	servía	serviré	serviría
	sirves	serviste	servías	servirás	servirías
	sirve	sirvió	servía	servirá	serviría
	servimos	servimos	servíamos	serviremos	serviríamos
	servís	servisteis	servíais	serviréis	serviríais
	sirven	sirvieron	servían	servirán	servirían

Present Subjunctive	**Imperfect Subjunctive**	**Imperative**	**Present Participle**	**Past Participle**
sirva	sirviera	sirve	sirviendo	servido
sirvas	sirvieras	sirvas*		
sirva	sirviera	servid		
sirvamos	sirviéramos	sirváis*		
sirváis	sirvierais	sirva		
sirvan	sirvieran	sirvan		

CABER
to fit into

La familia *cabe* en los asientos reservados.
The family *fits* in the reserved seats.

Present	Preterite	Imperfect	Future	Conditional
quepo	cupe	cabía	cabré	cabría
cabes	cupiste	cabías	cabrás	cabrías
cabe	cupo	cabía	cabrá	cabría
cabemos	cupimos	cabíamos	cabremos	cabríamos
cabéis	cupisteis	cabíais	cabréis	cabríais
caben	cupieron	cabían	cabrán	cabrían

Present Subjunctive	Imperfect Subjunctive	Imperative	Present Participle	Past Participle
quepa	cupiera		cabiendo	cabido
quepas	cupieras	cabe		
quepa	cupiera	quepas*		
quepamos	cupiéramos	cabed		
quepáis	cupierais	quepáis*		
quepan	cupieran	quepa		
		quepan		

SERVIR(SE)
to serve (oneself)

Los invitados *se sirven* el desayuno.
The guests serve themselves breakfast.

Present	Preterite	Imperfect	Future	Conditional
soy	fui	era	seré	sería
eres	fuiste	eras	serás	serías
es	fue	era	será	sería
somos	fuimos	éramos	seremos	seríamos
sois	fuisteis	erais	seréis	seríais
son	fueron	eran	serán	serían

Present Subjunctive	Imperfect Subjunctive	Imperative	Present Participle	Past Participle
sea	fuera		siendo	sido
seas	fueras	sé		
sea	fuera	seas*		
seamos	fuéramos	sed		
seáis	fuerais	seáis*		
sean	fueran	sea		
		sean		

Las hojas se *caen* de los árboles.
The leaves fall from the trees.

CAER(SE)
to fall; to fall down

Present	Preterite	Imperfect	Future	Conditional
caigo	caí	caía	caeré	caería
caes	caíste	caías	caerás	caerías
cae	cayó	caía	caerá	caería
caemos	caímos	caíamos	caeremos	caeríamos
caéis	caísteis	caíais	caeréis	caeríais
caen	cayeron	caían	caerán	caerían

Present Subjunctive	Imperfect Subjunctive	Imperative	Present Participle	Past Participle
caiga	cayera		cayendo	caído
caigas	cayeras	cae		
caiga	cayera	caigas*		
caigamos	cayéramos	caed		
caigáis	cayerais	caigáis*		
caigan	cayeran	caiga		
		caigan		

¿Cuál es la fecha?
What is the date?

SER
to be

Present	Preterite	Imperfect	Future	Conditional
separo	separé	separaba	separaré	separaría
separas	separaste	separabas	separarás	separarías
separa	separó	separaba	separará	separaría
separamos	separamos	separábamos	separaremos	separaríamos
separáis	separasteis	separabais	separaréis	separaríais
separan	separaron	separaban	separarán	separarían

Present Subjunctive	Imperfect Subjunctive	Imperative	Present Participle	Past Participle
separe	separara		separando	separado
separes	separaras	separa		
separe	separara	separes*		
separemos	separáramos	separad		
separéis	separarais	separéis*		
separen	separaran	separe		
		separen		

CALENTAR
to heat [up]; to warm [up]

El padre *calienta* el agua para el café.
The father heats the water for the coffee.

Present	**Preterite**	**Imperfect**	**Future**	**Conditional**
caliento	calenté	calentaba	calentaré	calentaría
calientas	calentaste	calentabas	calentarás	calentarías
calienta	calentó	calentaba	calentará	calentaría
calentamos	calentamos	calentábamos	calentaremos	calentaríamos
calentáis	calentasteis	calentabais	calentaréis	calentaríais
calientan	calentaron	calentaban	calentarán	calentarían

Present Subjunctive	**Imperfect Subjunctive**	**Imperative**	**Present Participle**	**Past Participle**
caliente	calentara	calienta	calentando	calentado
calientes	calentaras	calientes*		
caliente	calentara	calentad		
calentemos	calentáramos	calentéis*		
calentéis	calentarais	caliente		
calienten	calentaran	calienten		

SEPARAR(SE)
to separate; to divide

Una pared *separaba* las dos casas.
A wall separated the two houses.

Present	Preterite	Imperfect	Future	Conditional
siento	sentí	sentía	sentiré	sentiría
sientes	sentiste	sentías	sentirás	sentirías
siente	sintió	sentía	sentirá	sentiría
sentimos	sentimos	sentíamos	sentiremos	sentiríamos
sentís	sentisteis	sentíais	sentiréis	sentiríais
sienten	sintieron	sentían	sentirán	sentirían

Present Subjunctive	Imperfect Subjunctive	Imperative	Present Participle	Past Participle
sienta	sintiera	siente	sintiendo	sentido
sientas	sintieras	sientas*		
sienta	sintiera	sentid		
sintamos	sintiéramos	sintáis*		
sintáis	sintierais	sienta		
sientan	sintieran	sientan		

CALLAR(SE)
to silence; to be quiet

Es necesario que los chicos *se callen* para escuchar al profesor.
It is necessary that the students be silent in order to listen to the teacher.

SENTIR(SE)
to feel; to regret

Siento no poder ayudarte.
I regret not being able to help you.

Present	Preterite	Imperfect	Future	Conditional
callo	callé	callaba	callaré	callaría
callas	callaste	callabas	callarás	callarías
calla	calló	callaba	callará	callaría
callamos	callamos	callábamos	callaremos	callaríamos
calláis	callasteis	callabais	callaréis	callaríais
callan	callaron	callaban	callarán	callarían

Present Subjunctive	Imperfect Subjunctive	Imperative	Present Participle	Past Participle
calle	callara	calla	callando	callado
calles	callaras	calles*		
calle	callara	callad		
callemos	calláramos	calléis*		
calléis	callarais	calle		
callen	callaran	callen		

CAMBIAR
to change

Present	Preterite	Imperfect	Future	Conditional
siento	senté	sentaba	sentaré	sentaría
sientas	sentaste	sentabas	sentarás	sentarías
sienta	sentó	sentaba	sentará	sentaría
sentamos	sentamos	sentábamos	sentaremos	sentaríamos
sentáis	sentasteis	sentabais	sentaréis	sentaríais
sientan	sentaron	sentaban	sentarán	sentarían

Present Subjunctive	Imperfect Subjunctive	Imperative	Present Participle	Past Participle
siente	sentara	sienta	sentando	sentado
sientes	sentaras	sientes*		
siente	sentara	sentad		
sentemos	sentáramos	sentéis*		
sentéis	sentarais	siente		
sienten	sentaran	sienten		

Tu amiga ha *cambiado* mucho en los últimos años.

Your friend has changed much in the last years.

Present	**Preterite**	**Imperfect**	**Future**	**Conditional**
cambio	cambié	cambiaba	cambiaré	cambiaría
cambias	cambiaste	cambiabas	cambiarás	cambiarías
cambia	cambió	cambiaba	cambiará	cambiaría
cambiamos	cambiamos	cambiábamos	cambiaremos	cambiaríamos
cambiáis	cambiasteis	cambiabais	cambiaréis	cambiaríais
cambian	cambiaron	cambiaban	cambiarán	cambiarían

Present Subjunctive	**Imperfect Subjunctive**	**Imperative**	**Present Participle**	**Past Participle**
cambie	cambiara	cambia	cambiando	cambiado
cambies	cambiaras	cambies*		
cambie	cambiara	cambiad		
cambiemos	cambiáramos	cambiéis*		
cambiéis	cambiarais	cambie		
cambien	cambiaran	cambien		

SENTAR(SE)
to sit; to seat (oneself)

El público *se sienta* en sillas incómodas.
The audience sits in uncomfortable chairs.

Present	Preterite	Imperfect	Future	Conditional
señalo	señalé	señalaba	señalaré	señalaría
señalas	señalasteis	señalabas	señalarás	señalarías
señala	señaló	señalaba	señalará	señalaría
señalamos	señalamos	señalábamos	señalaremos	señalaríamos
señaláis	señalasteis	señalabais	señalaréis	señalaríais
señalan	señalaron	señalaban	señalarán	señalarían

Present Subjunctive	Imperfect Subjunctive	Imperative	Present Participle	Past Participle
señale	señalara		señalando	señalado
señales	señalaras	señala		
señale	señalara	señales*		
señalemos	señaláramos	señalad		
señaléis	señalarais	señaléis*		
señalen	señalaran	señale		
		señalen		

CANCELAR
to cancel

El director ha *cancelado* las clases a causa del mal tiempo.
The principal cancelled classes due to bad weather.

Present	**Preterite**	**Imperfect**	**Future**	**Conditional**
cancelo	cancelé	cancelaba	cancelaré	cancelaría
cancelas	cancelaste	cancelabas	cancelarás	cancelarías
cancela	canceló	cancelaba	cancelará	cancelaría
cancelamos	cancelamos	cancelábamos	cancelaremos	cancelaríamos
canceláis	cancelasteis	cancelabais	cancelaréis	cancelaríais
cancelan	cancelaron	cancelaban	cancelarán	cancelarían

Present Subjunctive	**Imperfect Subjunctive**	**Imperative**	**Present Participle**	**Past Participle**
cancele	cancelara	cancela	cancelando	cancelado
canceles	cancelaras	canceles*		
cancele	cancelara	cancelad		
cancelemos	canceláramos	canceléis*		
canceléis	cancelarais	cancele		
cancelen	cancelaran	cancelen		

SEÑALAR

to mark; to signal; to show; to point to

Eso *señaló* el fin del imperio romano.
This marked the end of the Roman Empire.

Present	Preterite	Imperfect	Future	Conditional
sigo	seguí	seguía	seguiré	seguiría
sigues	seguiste	seguías	seguirás	seguirías
sigue	siguió	seguía	seguirá	seguiría
seguimos	seguimos	seguíamos	seguiremos	seguiríamos
seguís	seguisteis	seguíais	seguiréis	seguiríais
siguen	siguieron	seguían	seguirán	seguirían

Present Subjunctive	Imperfect Subjunctive	Imperative	Present Participle	Past Participle
siga	siguiera	sigue	siguiendo	seguido
sigas	siguieras	sigas*		
siga	siguiera	seguid		
sigamos	siguiéramos	sigáis*		
sigáis	siguierais	siga		
sigan	siguieran	sigan		

CANSAR(SE)
to tire; to get tired

Yo no *me canso* de oír música popular.
I do not get tired of listening to popular music.

Present	**Preterite**	**Imperfect**	**Future**	**Conditional**
canso	cansé	cansaba	cansaré	cansaría
cansas	cansaste	cansabas	cansarás	cansarías
cansa	cansó	cansaba	cansará	cansaría
cansamos	cansamos	cansábamos	cansaremos	cansaríamos
cansáis	cansasteis	cansabais	cansaréis	cansaríais
cansan	cansaron	cansaban	cansarán	cansarían

Present Subjunctive	**Imperfect Subjunctive**	**Imperative**	**Present Participle**	**Past Participle**
canse	cansara	cansa	cansando	cansado
canses	cansaras	canses*		
canse	cansara	cansad		
cansemos	cansáramos	canséis*		
canséis	cansarais	canse		
cansen	cansaran	cansen		

SEGUIR
to continue; to follow; to keep on

Uds. *siguen* estudiando para el examen.
You continue studying for the exam.

Present	Preterite	Imperfect	Future	Conditional
seco	sequé	secaba	secaré	secaría
secas	secaste	secabas	secarás	secarías
seca	secó	secaba	secará	secaría
secamos	secamos	secábamos	secaremos	secaríamos
secáis	secasteis	secabais	secaréis	secaríais
secan	secaron	secaban	secarán	secarían

Present Subjunctive	Imperfect Subjunctive	Imperative	Present Participle	Past Participle
seque	secara	seca	secando	secado
seques	secaras	seques*		
seque	secara	secad		
sequemos	secáramos	sequéis*		
sequéis	secarais	seque		
sequen	secaran	sequen		

CAPTAR

to capture; to grasp, to understand; to win goodwill

La novela *capta* el ambiente del siglo pasado.
The novel captures the ambience of the past century.

Present	Preterite	Imperfect	Future	Conditional
capto	capté	captaba	captaré	captaría
captas	captaste	captabas	captarás	captarías
capta	captó	captaba	captará	captaría
captamos	captamos	captábamos	captaremos	captaríamos
captáis	captasteis	captabais	captaréis	captaríais
captan	captaron	captaban	captarán	captarían

Present Subjunctive	Imperfect Subjunctive	Imperative	Present Participle	Past Participle
capte	captara		captando	captado
captes	captaras	capta		
capte	captara	captes*		
captemos	captáramos	captad		
captéis	captarais	captéis*		
capten	captaran	capte		
		capten		

SECAR(SE)
to dry (oneself)

Secamos la ropa al sol.
We dry the clothes in the sun.

Present	Preterite	Imperfect	Future	Conditional
satisfago	satisfice	satisfacía	satisfaré	satisfaría
satisfaces	sastisficiste	satisfacías	satisfarás	satisfarías
satisface	satisfizo	satisfacía	satisfará	satisfaría
satisfacemos	satisficimos	satisfacíamos	satisfaremos	satisfaríamos
satisfacéis	satisficisteis	satisfacíais	satisfaréis	satisfaríais
satisfacen	satisficieron	satisfacían	satisfarán	satisfarían

Present Subjunctive	Imperfect Subjunctive	Imperative	Present Participle	Past Participle
satisfaga	satisficiera	satisface	satisfaciendo	satisfecho
satisfagas	satisficieras	satisfagas*		
satisfaga	satisficiera	satisfaced		
satisfagamos	satisficiéramos	satisfagáis*		
satisfagáis	satisficierais	satisfaga		
satisfagan	satisficieran	satisfagan		

CASAR(SE)
to marry, to get married

La pareja *se casó* en noviembre.
The couple got married in November.

SATISFACER
to satisfy

El estudiante *satisfizo* todos los requisitos para su graduación.
The student satisfied all the requirements for graduation.

Present	Preterite	Imperfect	Future	Conditional
caso	casé	casaba	casaré	casaría
casas	casaste	casabas	casarás	casarías
casa	casó	casaba	casará	casaría
casamos	casamos	casábamos	casaremos	casaríamos
casáis	casasteis	casabais	casaréis	casaríais
casan	casaron	casaban	casarán	casarían

Present Subjunctive	Imperfect Subjunctive	Imperative	Present Participle	Past Participle
case	casara	casa	casando	casado
cases	casaras	cases*		
case	casara	casad		
casemos	casáramos	caséis*		
caséis	casarais	case		
casen	casaran	casen		

Present	Preterite	Imperfect	Future	Conditional
saludo	saludé	saludaba	saludaré	saludaría
saludas	saludaste	saludabas	saludarás	saludarías
saluda	saludó	saludaba	saludará	saludaría
saludamos	saludamos	saludábamos	saludaremos	saludaríamos
saludáis	saludasteis	saludabais	saludaréis	saludaríais
saludan	saludaron	saludaban	saludarán	saludarían

Present Subjunctive	Imperfect Subjunctive	Imperative	Present Participle	Past Participle
salude	saludara	saluda	saludando	saludado
saludes	saludaras	saludes*		
salude	saludara	saludad		
saludemos	saludáramos	saludéis*		
saludéis	saludarais	salude		
saluden	saludaran	saluden		

Los cazadores *cazan* animales peligrosos.
The hunters hunt dangerous animals.

CAZAR
to hunt, to chase, to catch

SALUDAR(SE)
to greet; to salute

Muchos hispanos *se saludan* con un abrazo.
Many Hispanics greet each other with an embrace.

Present	Preterite	Imperfect	Future	Conditional
cazo	cacé	cazaba	cazaré	cazaría
cazas	cazaste	cazabas	cazarás	cazarías
caza	cazó	cazaba	cazará	cazaría
cazamos	cazamos	cazábamos	cazaremos	cazaríamos
cazáis	cazasteis	cazabais	cazaréis	cazaríais
cazan	cazaron	cazaban	cazarán	cazarían

Present Subjunctive	Imperfect Subjunctive	Imperative	Present Participle	Past Participle
cace	cazara		cazando	cazado
caces	cazaras	caza		
cace	cazara	caces*		
cacemos	cazáramos	cazad		
cacéis	cazarais	cacéis*		
cacen	cazaran	cace		
		cacen		

Present	Preterite	Imperfect	Future	Conditional
salgo	salí	salía	saldré	saldría
sales	saliste	salías	saldrás	saldrías
sale	salió	salía	saldrá	saldría
salimos	salimos	salíamos	saldremos	saldríamos
salís	salisteis	salíais	saldréis	saldríais
salen	salieron	salían	saldrán	saldrían

Present Subjunctive	Imperfect Subjunctive	Imperative	Present Participle	Past Participle
salga	saliera	sal	saliendo	salido
salgas	salieras	salgas*		
salga	saliera	salid		
salgamos	saliéramos	salgáis*		
salgáis	salierais	salga		
salgan	salieran	salgan		

CELEBRAR
to celebrate

La clase *celebrará* su graduación en mayo.
The class will celebrate its graduation in May.

SALIR
to leave; to exit

Cuando *salgas* de clase, ven a casa inmediatamente.
When you come out of class, come home immediately.

Present	Preterite	Imperfect	Future	Conditional
celebro	celebré	celebraba	celebraré	celebraría
celebras	celebraste	celebrabas	celebrarás	celebrarías
celebra	celebró	celebraba	celebrará	celebraría
celebramos	celebramos	celebrábamos	celebraremos	celebraríamos
celebráis	celebrasteis	celebrabais	celebraréis	celebraríais
celebran	celebraron	celebraban	celebrarán	celebrarían

Present Subjunctive	Imperfect Subjunctive	Imperative	Present Participle	Past Participle
celebre	celebrara	celebra	celebrando	celebrado
celebres	celebraras	celebres*		
celebre	celebrara	celebrad		
celebremos	celebráramos	celebréis*		
celebréis	celebrarais	celebre		
celebren	celebraran	celebren		

Present	Preterite	Imperfect	Future	Conditional
saco	saqué	sacaba	sacaré	sacaría
sacas	sacaste	sacabas	sacarás	sacarías
saca	sacó	sacaba	sacará	sacaría
sacamos	sacamos	sacábamos	sacaremos	sacaríamos
sacáis	sacasteis	sacabais	sacaréis	sacaríais
sacan	sacaron	sacaban	sacarán	sacarían

Present Subjunctive	Imperfect Subjunctive	Imperative	Present Participle	Past Participle
saque	sacara	saca	sacando	sacado
saques	sacaras	saques*		
saque	sacara	sacad		
saquemos	sacáramos	saquéis*		
saquéis	sacarais	saque		
saquen	sacaran	saquen		

¿A qué hora does your family eat dinner?
¿A qué hora *cena* tu familia?

to dine; to eat dinner

CENAR

Present	**Preterite**	**Imperfect**	**Future**	**Conditional**
ceno	cené	cenaba	cenaré	cenaría
cenas	cenaste	cenabas	cenarás	cenarías
cena	cenó	cenaba	cenará	cenaría
cenamos	cenamos	cenábamos	cenaremos	cenaríamos
cenáis	cenasteis	cenabais	cenaréis	cenaríais
cenan	cenaron	cenaban	cenarán	cenarían

Present Subjunctive	**Imperfect Subjunctive**	**Imperative**	**Present Participle**	**Past Participle**
cene	cenara	cena	cenando	cenado
cenes	cenaras	cenes*		
cene	cenara	cenad		
cenemos	cenáramos	cenéis*		
cenéis	cenarais	cene		
cenen	cenaran	cenen		

SACAR
to take out; to get out

Saqué mi dinero de ese banco.
I took my money out of that bank.

Present	Preterite	Imperfect	Future	Conditional
sé	supe	sabía	sabré	sabría
sabes	supiste	sabías	sabrás	sabrías
sabe	supo	sabía	sabrá	sabría
sabemos	supimos	sabíamos	sabremos	sabríamos
sabéis	supisteis	sabíais	sabréis	sabrías
saben	supieron	sabían	sabrán	sabrían

Present Subjunctive	Imperfect Subjunctive	Imperative	Present Participle	Past Participle
sepa	supiera	sabe	sabiendo	sabido
sepas	supieras	sepas*		
sepa	supiera	sabed		
sepamos	supiéramos	sepáis*		
sepáis	supierais	sepa		
sepan	supieran	sepan		

CEPILLAR(SE)
to brush; to brush oneself

El barbero le *cepilló* el pelo al cliente.
The barber brushed the customer's hair.

Present	Preterite	Imperfect	Future	Conditional
cepillo	cepillé	cepillaba	cepillaré	cepillaría
cepillas	cepillaste	cepillabas	cepillarás	cepillarías
cepilla	cepilló	cepillaba	cepillará	cepillaría
cepillamos	cepillamos	cepillábamos	cepillaremos	cepillaríamos
cepilláis	cepillasteis	cepillabais	cepillaréis	cepillaríais
cepillan	cepillaron	cepillaban	cepillarán	cepillarían

Present Subjunctive	Imperfect Subjunctive	Imperative	Present Participle	Past Participle
cepille	cepillara		cepillando	cepillado
cepilles	cepillaras	cepilla		
cepille	cepillara	cepilles*		
cepillemos	cepilláramos	cepillad		
cepilléis	cepillarais	cepilléis*		
cepillen	cepillaran	cepille		
		cepillen		

SABER (A)

to know; to find out; to taste [like]

Todos *saben* el valor de la moneda.
Everyone knows the value of the coin.

Present	Preterite	Imperfect	Future	Conditional
rompo	rompí	rompía	romperé	rompería
rompes	rompiste	rompías	romperás	romperías
rompe	rompió	rompía	romperá	rompería
rompemos	rompimos	rompíamos	romperemos	romperíamos
rompéis	rompisteis	rompíais	romperéis	romperíais
rompen	rompieron	rompían	romperán	romperían

Present Subjunctive	Imperfect Subjunctive	Imperative	Present Participle	Past Participle
rompa	rompiera	rompe	rompiendo	roto
rompas	rompieras	rompas*		
rompa	rompiera	romped		
rompamos	rompiéramos	rompáis*		
rompáis	rompierais	rompa		
rompan	rompieran	rompan		

CERRAR
to close

Cierra la puerta cuando salgas.
Close the door when you leave.

Present	**Preterite**	**Imperfect**	**Future**	**Conditional**
cierro	cerré	cerraba	cerraré	cerraría
cierras	cerraste	cerrabas	cerrarás	cerrarías
cierra	cerró	cerraba	cerrará	cerraría
cerramos	cerramos	cerrábamos	cerraremos	cerraríamos
cerráis	cerrasteis	cerrabais	cerraréis	cerraríais
cierran	cerraron	cerraban	cerrarán	cerrarían

Present Subjunctive	**Imperfect Subjunctive**	**Imperative**	**Present Participle**	**Past Participle**
cierre	cerrara		cerrando	cerrado
cierres	cerraras	cierra		
cierre	cerrara	cierres*		
cerremos	cerráramos	cerrad		
cerréis	cerrarais	cerréis*		
cierren	cerraran	cierre		
		cierren		

ROMPER(SE)
to break; to tear

¿Quién *rompió* la ventana?
Who broke the window?

Present	Preterite	Imperfect	Future	Conditional
ruego	rogué	rogaba	rogaré	rogaría
ruegas	rogaste	rogabas	rogarás	rogarías
ruega	rogó	rogaba	rogará	rogaría
rogamos	rogamos	rogábamos	rogaremos	rogaríamos
rogáis	rogasteis	rogabais	rogaréis	rogaríais
ruegan	rogaron	rogaban	rogarán	rogarían

Present Subjunctive	Imperfect Subjunctive	Imperative	Present Participle	Past Participle
ruegue	rogara		rogando	rogado
ruegues	rogaras	ruega		
ruegue	rogara	ruegues*		
roguemos	rogáramos	rogad		
roguéis	rogarais	roguéis*		
rueguen	rogaran	ruegue		
		rueguen		

COCINAR
to cook

Mi madre *cocina* la mejor comida italiana.
Mi mother cooks the best Italian food.

Present	Preterite	Imperfect	Future	Conditional
cocino	cociné	cocinaba	cocinaré	cocinaría
cocinas	cocinaste	cocinabas	cocinarás	cocinarías
cocina	cocinó	cocinaba	cocinará	cocinaría
cocinamos	cocinamos	cocinábamos	cocinaremos	cocinaríamos
cocináis	cocinasteis	cocinabais	cocinaréis	cocinaríais
cocinan	cocinaron	cocinaban	cocinarán	cocinarían

Present Subjunctive	Imperfect Subjunctive	Imperative	Present Participle	Past Participle
cocine	cocinara		cocinando	cocinado
cocines	cocinaras	cocina		
cocine	cocinara	cocines*		
cocinemos	cocináramos	cocinad		
cocinéis	cocinarais	cocinéis*		
cocinen	cocinaran	cocine		
		cocinen		

ROGAR
to beg; to pray

Te *ruego* que me escuches.
I beg you to listen to me.

Present	Preterite	Imperfect	Future	Conditional
rezo	recé	rezaba	rezaré	rezaría
rezas	rezaste	rezabas	rezarás	rezarías
reza	rezó	rezaba	rezará	rezaría
rezamos	rezamos	rezábamos	rezaremos	rezaríamos
rezáis	rezasteis	rezabais	rezaréis	rezaríais
rezan	rezaron	rezaban	rezarán	rezarían

Present Subjunctive	Imperfect Subjunctive	Imperative	Present Participle	Past Participle
rece	rezara	reza	rezando	rezado
reces	rezaras	reces*		
rece	rezara	rezad		
recemos	rezáramos	recéis*		
recéis	rezarais	rece		
recen	rezaran	recen		

COGER

to grab; to catch; to seize

Felipe *cogió* la pelota en el partido de ayer.
Philip caught the ball in yesterday's game.

REZAR
to pray

La familia *rezó* antes de comer.
The family prayed before eating.

Present	Preterite	Imperfect	Future	Conditional
cojo	cogí	cogía	cogeré	cogería
coges	cogiste	cogías	cogerás	cogerías
coge	cogió	cogía	cogerá	cogería
cogemos	cogimos	cogíamos	cogeremos	cogeríamos
cogéis	cogisteis	cogíais	cogeréis	cogeríais
cogen	cogieron	cogían	cogerán	cogerían

Present Subjunctive	Imperfect Subjunctive	Imperative	Present Participle	Past Participle
coja	cogiera	coge	cogiendo	cogido
cojas	cogieras	cojas*		
coja	cogiera	coged		
cojamos	cogiéramos	cojáis*		
cojáis	cogierais	coja		
cojan	cogieran	cojan		

Present	Preterite	Imperfect	Future	Conditional
reúno	reuní	reunía	reuniré	reuniría
reúnes	reuniste	reunías	reunirás	reunirías
reúne	reunió	reunía	reunirá	reuniría
reunimos	reunimos	reuníamos	reuniremos	reuniríamos
reunís	reunisteis	reuníais	reuniréis	reuniríais
reúnen	reunieron	reunían	reunirán	reunirían

Present Subjunctive	Imperfect Subjunctive	Imperative	Present Participle	Past Participle
reúna	reuniera		reuniendo	reunido
reúnas	reunieras	reúne		
reúna	reuniera	reúnas*		
reunamos	reuniéramos	reunid		
reunáis	reunierais	reunáis*		
reúnan	reunieran	reúna		
		reúnan		

COLGAR
to hang

Es necesario que *cuelguen* su ropa al quitársela.
It is necessary that you hang your clothes when you take them off.

Present	Preterite	Imperfect	Future	Conditional
cuelgo	colgué	colgaba	colgaré	colgaría
cuelgas	colgaste	colgabas	colgarás	colgarías
cuelga	colgó	colgaba	colgará	colgaría
colgamos	colgamos	colgábamos	colgaremos	colgaríamos
colgáis	colgasteis	colgabais	colgaréis	colgaríais
cuelgan	colgaron	colgaban	colgarán	colgarían

Present Subjunctive	Imperfect Subjunctive	Imperative	Present Participle	Past Participle
cuelgue	colgara	cuelga	colgando	colgado
cuelgues	colgaras	cuelgues*		
cuelgue	colgara	colgad		
colguemos	colgáramos	colguéis*		
colguéis	colgarais	cuelgue		
cuelguen	colgaran	cuelguen		

REUNIR(SE)

to meet; to reunite

Los socios *se reunían* todos los lunes.
The members would meet every Monday.

Present	Preterite	Imperfect	Future	Conditional
respondo	respondí	respondía	responderé	respondería
respondes	respondiste	respondías	responderás	responderías
responde	respondió	respondía	responderá	respondería
respondemos	respondimos	respondíamos	responderemos	responderíamos
respondéis	respondisteis	respondíais	responderéis	responderíais
responden	respondieron	respondían	responderán	responderían

Present Subjunctive	Imperfect Subjunctive	Imperative	Present Participle	Past Participle
responda	respondiera	responde	respondiendo	respondido
respondas	respondieras	respondas*		
responda	respondiera	responded		
respondamos	respondiéramos	respondáis*		
respondáis	respondierais	responda		
respondan	respondieran	respondan		

COLOCAR
to place; to put

Colocamos los libros en el pupitre.
We placed the books on the desk.

RESPONDER
to reply; to respond; to answer

El niño *respondió* correctamente a la pregunta.
The boy answered the question correctly.

Present	Preterite	Imperfect	Future	Conditional
coloco	coloqué	colocaba	colocaré	colocaría
colocas	colocaste	colocabas	colocarás	colocarías
coloca	colocó	colocaba	colocará	colocaría
colocamos	colocamos	colocábamos	colocaremos	colocaríamos
colocáis	colocasteis	colocabais	colocaréis	colocaríais
colocan	colocaron	colocaban	colocarán	colocarían

Present Subjunctive	Imperfect Subjunctive	Imperative	Present Participle	Past Participle
coloque	colocara		colocando	colocado
coloques	colocaras	coloca		
coloque	colocara	coloques*		
coloquemos	colocáramos	colocad		
coloquéis	colocarais	coloquéis*		
coloquen	colocaran	coloque		
		coloquen		

Present	Preterite	Imperfect	Future	Conditional
resuelvo	resolví	resolvía	resolveré	resolvería
resuelves	resolviste	resolvías	resolverás	resolverías
resuelve	resolvió	resolvía	resolverá	resolvería
resolvemos	resolvimos	resolvíamos	resolveremos	resolveríamos
resolvéis	resolvisteis	resolvíais	resolveréis	resolveríais
resuelven	resolvieron	resolvían	resolverán	resolverían

Present Subjunctive	Imperfect Subjunctive	Imperative	Present Participle	Past Participle
resuelva	resolviera		resolviendo	resuelto
resuelvas	resolvieras	resuelve		
resuelva	resolviera	resuelvas*		
resolvamos	resolviéramos	resolved		
resolváis	resolvierais	resolváis*		
resuelvan	resolvieran	resuelva		
		resuelvan		

COMENZAR

to begin; to commence

¿Cuándo *comienza* la función de teatro?
When does the theatre performance begin?

Present	**Preterite**	**Imperfect**	**Future**	**Conditional**
comienzo	comencé	comenzaba	comenzaré	comenzaría
comienzas	comenzaste	comenzabas	comenzarás	comenzarías
comienza	comenzó	comenzaba	comenzará	comenzaría
comenzamos	comenzamos	comenzábamos	comenzaremos	comenzaríamos
comenzáis	comenzasteis	comenzabais	comenzaréis	comenzaríais
comienzan	comenzaron	comenzaban	comenzarán	comenzarían

Present Subjunctive	**Imperfect Subjunctive**	**Imperative**	**Present Participle**	**Past Participle**
comience	comenzara	comienza	comenzando	comenzado
comiences	comenzaras	comiences*		
comience	comenzara	comenzad		
comencemos	comenzáramos	comencéis*		
comencéis	comenzarais	comience		
comiencen	comenzaran	comiencen		

RESOLVER
to solve; to resolve; to settle

¿Ya *resolviste* tu problema?
Did you resolve your problem already?

Present	Preterite	Imperfect	Future	Conditional
repito	repetí	repetía	repetiré	repetiría
repites	repetiste	repetías	repetirás	repetirías
repite	repitió	repetía	repetirá	repetiría
repetimos	repetimos	repetíamos	repetiremos	repetiríamos
repetís	repetisteis	repetíais	repetiréis	repetiríais
repiten	repitieron	repetían	repetirán	repetirían

Present Subjunctive	Imperfect Subjunctive	Imperative	Present Participle	Past Participle
repita	repitiera	repite	repitiendo	repetido
repitas	repitieras	repitas*		
repita	repitiera	repetid		
repitamos	repitiéramos	repitáis*		
repitáis	repitierais	repita		
repitan	repitieran	repitan		

COMPADECER(SE)
to sympathize; to feel sorry for

Yo *me compadezco* con su tragedia.
I sympathize with him in his tragedy.

REPETIR

to repeat; to do again

El director *repite* sus reglas.
The principal repeats his rules.

Present	Preterite	Imperfect	Future	Conditional
compadezco	compadecí	compadecía	compadeceré	compadecería
compadeces	compadeciste	compadecías	compadecerás	compadecerías
compadece	compadeció	compadecía	compadecerá	compadecería
compadecemos	compadecimos	compadecíamos	compadeceremos	compadecerímos
compadecéis	compadecisteis	compadecíais	compadeceréis	compadeceríais
compadecen	compadecieron	compadecían	compadecerán	compadecerían

Present Subjunctive	Imperfect Subjunctive	Imperative	Present Participle	Past Participle
compadezca	compadeciera	compadece	compadeciendo	compadecido
compadezcas	compadecieras	compadezcas*		
compadezca	compadeciera	compadeced		
compadezcamos	compadeciéramos	compadezcáis*		
compadezcáis	compadecierais	compadezca		
compadezcan	compadecieran	compadezcan		

Present	Preterite	Imperfect	Future	Conditional
repaso	repasé	repasaba	repasaré	repasaría
repasas	repasaste	repasabas	repasarás	repasarías
repasa	repasó	repasaba	repasará	repasaría
repasamos	repasamos	repasábamos	repasaremos	repasaríamos
repasáis	repasasteis	repasabais	repasaréis	repasaríais
repasan	repasaron	repasaban	repasarán	repasarían

Present Subjunctive	Imperfect Subjunctive	Imperative	Present Participle	Past Participle
repase	repasara	repasa	repasando	repasado
repases	repasaras	repases*		
repase	repasara	repasad		
repasemos	repasáramos	repaséis*		
repaséis	repasarais	repase		
repasen	repasaran	repasen		

COMPLACER
to please; to humor; to gratify

Tu notas excelentes me *complacen* mucho.
I am very pleased by your good grades.

REPASAR

to revise; to review; to pass again

Debes *repasar* todas tus notas antes del examen.
You should review all your notes before the exam.

Present	Preterite	Imperfect	Future	Conditional
complazco	complací	complacía	complaceré	complacería
complaces	complaciste	complacías	complacerás	complacerías
complace	complació	complacía	complacerá	complacería
complacemos	complacimos	complacíamos	complaceremos	complaceríamos
complacéis	complacisteis	complacíais	complaceréis	complaceríais
complacen	complacieron	complacían	complacerán	complacerían

Present Subjunctive	Imperfect Subjunctive	Imperative	Present Participle	Past Participle
complazca	complaciera	complace	complaciendo	complacido
complazcas	complacieras	complazcas*		
complazca	complaciera	complaced		
complazcamos	complaciéramos	complazcáis*		
complazcáis	complacierais	complazca		
complazcan	complacieran	complazcan		

Present	Preterite	Imperfect	Future	Conditional
reparto	repartí	repartía	repartiré	repartiría
repartes	repartiste	repartías	repartirás	repartirías
reparte	repartió	repartía	repartirá	repartiría
repartimos	repartimos	repartíamos	repartiremos	repartiríamos
repartís	repartisteis	repartíais	repartiréis	repartiríais
reparten	repartieron	repartían	repartirán	repartirían

Present Subjunctive	Imperfect Subjunctive	Imperative	Present Participle	Past Participle
reparta	repartiera	reparte	repartiendo	repartido
repartas	repartieras	repartas*		
reparta	repartiera	repartid		
repartamos	repartiéramos	repartáis*		
repartáis	repartierais	reparta		
repartan	repartieran	repartan		

COMPRENDER

to understand; to comprehend

No *comprendo* por qué no quieres ir a la fiesta.
I don't understand why you don't want to go to the party.

REPARTIR

to distribute; to apportion; to parcel out

El gerente *reparte* las ganancias a los empleados.
The manager distributes the profits to the employees.

Present	**Preterite**	**Imperfect**	**Future**	**Conditional**
comprendo	comprendí	comprendía	comprenderé	comprendería
comprendes	comprendiste	comprendías	comprenderás	comprenderías
comprende	comprendió	comprendía	comprenderá	comprendería
comprendemos	comprendimos	comprendíamos	comprenderemos	comprenderíamos
comprendéis	comprendisteis	comprendíais	comprenderéis	comprenderíais
comprenden	comprendieron	comprendían	comprenderán	comprenderían

Present Subjunctive	**Imperfect Subjunctive**	**Imperative**	**Present Participle**	**Past Participle**
comprenda	comprendiera	comprende	comprendiendo	comprendido
comprendas	comprendieras	comprendas*		
comprenda	comprendiera	comprended		
comprendamos	comprendiéramos	comprendáis*		
comprendáis	comprendierais	comprenda		
comprendan	comprendieran	comprendan		

Present	Preterite	Imperfect	Future	Conditional
reparo	reparé	reparaba	repararé	repararía
reparas	reparaste	reparabas	repararás	repararías
repara	reparó	reparaba	reparará	repararía
reparamos	reparamos	reparábamos	repararemos	repararíamos
reparáis	reparasteis	reparabais	repararéis	repararíais
reparan	repararon	reparaban	repararán	repararían

Present Subjunctive	Imperfect Subjunctive	Imperative	Present Participle	Past Participle
repare	reparara	repara	reparando	reparado
repares	repararas	repares*		
repare	reparara	reparad		
reparemos	reparáramos	reparéis*		
reparéis	repararais	repare		
reparen	repararan	reparen		

COMPROBAR
to verify; to check

El policía *comprueba* que el conductor lleva su permiso de conducir.
The policeman verifies that the driver has his driver's license.

REPARAR

to repair; to mend; to fix; to notice

El mecánico *repara* el coche cuando no funciona.
The mechanic repairs the car when it doesn't run.

Present	Preterite	Imperfect	Future	Conditional
compruebo	comprobé	comprobaba	comprobaré	comprobaría
compruebas	comprobaste	comprobabas	comprobarás	comprobarías
comprueba	comprobó	comprobaba	comprobará	comprobaría
comprobamos	comprobamos	comprobábamos	comprobaremos	comprobaríamos
comprobáis	comprobaste	comprobabais	comprobaréis	comprobaríais
comprueban	comprobaron	comprobaban	comprobarán	comprobarían

Present Subjunctive	Imperfect Subjunctive	Imperative	Present Participle	Past Participle
compruebe	comprobara	comprueba	comprobando	comprobado
compruebes	comprobaras	compruebes*		
compruebe	comprobara	comprobad		
comprobemos	comprobáramos	comprobéis*		
comprobéis	comprobarais	compruebe		
comprueben	comprobaran	comprueben		

CONCORDAR

to be in agreement; to reconcile

El presidente *concuerda* con las acciones del Congreso.
The president agrees with the actions of the Congress.

Present	Preterite	Imperfect	Future	Conditional
renuevo	renové	renovaba	renovaré	renovaría
renuevas	renovaste	renovabas	renovarás	renovarías
renueva	renovó	renovaba	renovará	renovaría
renovamos	renovamos	renovábamos	renovaremos	renovaríamos
renováis	renovasteis	renovabais	renovaréis	renovaríais
renuevan	renovaron	renovaban	renovarán	renovarían

Present Subjunctive	Imperfect Subjunctive	Imperative	Present Participle	Past Participle
renueve	renovara	renueva	renovando	renovado
renueves	renovaras	renueves*		
renueve	renovara	renovad		
renovemos	renováramos	renovéis*		
renovéis	renovarais	renueve		
renueven	renovaran	renueven		

RENOVAR

to renew; to remodel

Elisa *renovó* su carnet de conducir.
Elisa renewed her driver's license.

Present	Preterite	Imperfect	Future	Conditional
concuerdo	concordé	concordaba	concordaré	concordaría
concuerdas	concordaste	concordabas	concordarás	concordarías
concuerda	concordó	concordaba	concordará	concordaría
concordamos	concordamos	concordábamos	concordaremos	concordaríamos
concordáis	concordasteis	concordabais	concordaréis	concordaríais
concuerdan	concordaron	concordaban	concordarán	concordarían

Present Subjunctive	Imperfect Subjunctive	Imperative	Present Participle	Past Participle
concuerde	concordara		concordando	concordado
concuerdes	concordaras	concuerda		
concuerde	concordara	concuerdes*		
concordemos	concordáramos	concordad		
concordéis	concordarais	concordéis*		
concuerden	concordaran	concuerde		
		concuerden		

Present	Preterite	Imperfect	Future	Conditional
riño	reñí	reñía	reñiré	reñiría
riñes	reñiste	reñías	reñirás	reñirías
riñe	riñó	reñía	reñirá	reñiría
reñimos	reñimos	reñíamos	reñiremos	reñiríamos
reñís	reñisteis	reñíais	reñiréis	reñiríais
riñen	riñeron	reñían	reñirán	reñirían

Present Subjunctive	Imperfect Subjunctive	Imperative	Present Participle	Past Participle
riña	riñera	riñe	riñendo	reñido
riñas	riñeras	riñas*		
riña	riñera	reñid		
riñamos	riñéramos	riñáis*		
riñáis	riñerais	riña		
riñan	riñeran	riñan		

CONDUCIR

to conduct; to drive

Mi hermano *condujo* desde San Francisco hasta Denver.
My brother drove from San Francisco to Denver.

Present	**Preterite**	**Imperfect**	**Future**	**Conditional**
conduzco	conduje	conducía	conduciré	conduciría
conduces	condujiste	conducías	conducirás	conducirías
conduce	condujo	conducía	conducirá	conduciría
conducimos	condujimos	conducíamos	conduciremos	conduciríamos
conducís	condujisteis	conducíais	conduciréis	conduciríais
conducen	condujeron	conducían	conducirán	conducirían

Present Subjunctive	**Imperfect Subjunctive**	**Imperative**	**Present Participle**	**Past Participle**
conduzca	condujera		conduciendo	conducido
conduzcas	condujeras	conduce		
conduzca	condujera	conduzcas*		
conduzcamos	condujéramos	conducid		
conduzcáis	condujerais	conduzcáis*		
conduzcan	condujeran	conduzca		
		conduzcan		

REÑIR
to fight; to quarrel; to argue

Aunque son amigos, *riñen* frecuentemente.
Although they are friends, they quarrel often.

Present	Preterite	Imperfect	Future	Conditional
remito	remití	remitía	remitiré	remitiría
remites	remitiste	remitías	remitirás	remitirías
remite	remitió	remitía	remitirá	remitiría
remitimos	remitimos	remitíamos	remitiremos	remitiríamos
remitís	remitisteis	remitíais	remitiréis	remitiríais
remiten	remitieron	remitían	remitirán	remitirían

Present Subjunctive	Imperfect Subjunctive	Imperative	Present Participle	Past Participle
remita	remitiera		remitiendo	remitido
remitas	remitieras	remite		
remita	remitiera	remitas*		
remitamos	remitiéramos	remitid		
remitáis	remitierais	remitáis*		
remitan	remitieran	remita		
		remitan		

CONFIAR
to trust; to have trust or confidence

Ella *confía* en sus habilidades.
She has confidence in her abilities.

REMITIR
to remit; to send

El secretario *remitió* el pago al empleado.
The secretary sent the employee the payment.

Present	Preterite	Imperfect	Future	Conditional
confío	confié	confiaba	confiaré	confiaría
confías	confiaste	confiabas	confiarás	confiarías
confía	confió	confiaba	confiará	confiaría
confiamos	confiamos	confiábamos	confiaremos	confiaríamos
confiáis	confiasteis	confiabais	confiaréis	confiaríais
confían	confiaron	confiaban	confiarán	confiarían

Present Subjunctive	Imperfect Subjunctive	Imperative	Present Participle	Past Participle
confíe	confiara		confiando	confiado
confíes	confiaras	confía		
confíe	confiara	confíes*		
confiemos	confiáramos	confiad		
confiéis	confiarais	confiéis*		
confíen	confiaran	confíe		
		confíen		

Present	Preterite	Imperfect	Future	Conditional
remedio	remedié	remediaba	remediaré	remediaría
remedias	remediaste	remediabas	remediarás	remediarías
remedia	remedió	remediaba	remediará	remediaría
remediamos	remediamos	remediábamos	remediaremos	remediaríamos
remediáis	remediasteis	remediabais	remediaréis	remediaríais
remedian	remediaron	remediaban	remediarán	remediarían

Present Subjunctive	Imperfect Subjunctive	Imperative	Present Participle	Past Participle
remedie	remediara	remedia	remediendo	remedido
remedies	remediaras	remedies*		
remedie	remediara	remediad		
remediemos	remediáramos	remediéis*		
remediéis	remediarais	remedie		
remedien	remediaran	remedien		

CONFUNDIR

to confuse

Estas instrucciones me *confunden* mucho.
These instructions confuse me a lot.

REMEDIAR
to remedy, to repair; to solve [figuratively]

Nadie puede *remediar* todos los problemas del mundo.
No one can solve all the problems of the world.

Present	Preterite	Imperfect	Future	Conditional
confundo	confundí	confundía	confundiré	confundiría
confundes	confundiste	confundías	confundirás	confundirías
confunde	confundió	confundía	confundirá	confundiría
confundimos	confundimos	confundíamos	confundiremos	confundiríamos
confundís	confundisteis	confundíais	confundiréis	confundiríais
confunden	confundieron	confundían	confundirán	confundirían

Present Subjunctive	Imperfect Subjunctive	Imperative	Present Participle	Past Participle
confunda	confundiera	confunde	confundiendo	confundido
confundas	confundieras	confundas*		
confunda	confundiera	confundid		
confundamos	confundiéramos	confundáis*		
confundáis	confundierais	confunda		
confundan	confundieran	confundan		

Present	Preterite	Imperfect	Future	Conditional
relleno	rellené	rellenaba	rellenaré	rellenaría
rellenas	rellenaste	rellenabas	rellenarás	rellenarías
rellena	rellenó	rellenaba	rellenará	rellenaría
rellenamos	rellenamos	rellenábamos	rellenaremos	rellenaríamos
rellenáis	rellenasteis	rellenabais	rellenaréis	rellenaríais
rellenan	rellenaron	rellenaban	rellenarán	rellenarían

Present Subjunctive	Imperfect Subjunctive	Imperative	Present Participle	Past Participle
rellene	rellenara	rellena	rellenando	rellenado
rellenes	rellenaras	rellenes*		
rellene	rellenara	rellenad		
rellenemos	rellenáramos	rellenéis*		
rellenéis	rellenarais	rellene		
rellenen	rellenaran	rellenen		

CONOCER

to know; to be acquainted

¿Conoces al hermano de Elena?
Do you know Elena's brother?

Present	**Preterite**	**Imperfect**	**Future**	**Conditional**
conozco	conocí	conocía	conoceré	conocería
conoces	conociste	conocías	conocerás	conocerías
conoce	conoció	conocía	conocerá	conocería
conocemos	conocimos	conocíamos	conoceremos	conoceríamos
conocéis	conocisteis	conocíais	conoceréis	conoceríais
conocen	conocieron	conocían	conocerán	conocerían

Present Subjunctive	**Imperfect Subjunctive**	**Imperative**	**Present Participle**	**Past Participle**
conozca	conociera	conoce	conociendo	conocido
conozcas	conocieras	conozcas*		
conozca	conociera	conoced		
conozcamos	conociéramos	conozcáis*		
conozcáis	conocierais	conozca		
conozcan	conocieran	conozcan		

RELLENAR
to fill out or in; to stuff; to refill

Es necesario que *rellenes* el formulario para mañana.
It's necessary that you fill out the form by tomorrow.

Present	Preterite	Imperfect	Future	Conditional
río	reí	reía	reiré	reiría
ríes	reíste	reías	reirás	reirías
ríe	rio	reía	reirá	reiría
reímos	reímos	reíamos	reiremos	reiríamos
reís	reísteis	reíais	reiréis	reiríais
ríen	rieron	reían	reirán	reirían

Present Subjunctive	Imperfect Subjunctive	Imperative	Present Participle	Past Participle
ría	riera	ríe	riendo	reído
rías	rieras	rías*		
ría	riera	reíd		
riamos	riéramos	riais*		
riais	rierais	ría		
rían	rieran	rían		

CONSEGUIR
to get; to obtain

El estudiante *consigue* la información que necesita.
The student obtains the information he needs.

Present	Preterite	Imperfect	Future	Conditional
consigo	conseguí	conseguía	conseguiré	conseguiría
consigues	conseguiste	conseguías	conseguirás	conseguirías
consigue	consiguió	conseguía	conseguirá	conseguiría
conseguimos	conseguimos	conseguíamos	conseguiremos	conseguiríamos
conseguís	conseguisteis	conseguíais	conseguiréis	conseguiríais
consiguen	consiguieron	conseguían	conseguirán	conseguirían

Present Subjunctive	Imperfect Subjunctive	Imperative	Present Participle	Past Participle
consiga	consiguiera	consigue	consiguiendo	conseguido
consigas	consiguieras	consigas*		
consiga	consiguiera	conseguid		
consigamos	consiguiéramos	consigáis*		
consigáis	consiguierais	consiga		
consigan	consiguieran	consigan		

REÍR(SE)
to laugh

Cuando ella *se ríe*, todos ríen también.
When she laughs, everyone laughs also.

CONSIDERAR

to consider; to deem

Todos *consideraron* las opciones presentadas por el comité.
Everyone considered the options presented by the committee.

Present	Preterite	Imperfect	Future	Conditional
regreso	regresé	regresaba	regresaré	regresaría
regresas	regresaste	regresabas	regresarás	regresarías
regresa	regresó	regresaba	regresará	regresaría
regresamos	regresamos	regresábamos	regresaremos	regresaríamos
regresáis	regresasteis	regresabais	regresaréis	regresaríais
regresan	regresaron	regresaban	regresarán	regresarían

Present Subjunctive	Imperfect Subjunctive	Imperative	Present Participle	Past Participle
regrese	regresara	regresa	regresando	regresado
regreses	regresaras	regreses*		
regrese	regresara	regresad		
regresemos	regresáramos	regreséis*		
regreséis	regresarais	regrese		
regresen	regresaran	regresen		

Present	Preterite	Imperfect	Future	Conditional
considero	consideré	consideraba	consideraré	consideraría
consideras	consideraste	considerabas	considerarás	considerarías
considera	consideró	consideraba	considerará	consideraría
consideramos	consideramos	considerábamos	consideraremos	consideraríamos
consideráis	considerasteis	considerabais	consideraréis	consideraríais
consideran	consideraron	consideraban	considerarán	considerarían

Present Subjunctive	Imperfect Subjunctive	Imperative	Present Participle	Past Participle
considere	considerara		considerando	considerado
consideres	consideraras	considera		
considere	considerara	consideres*		
consideremos	considseráramos	considerad		
consideréis	considerarais	consideréis*		
consideren	consideraran	considere		
		consideren		

REGRESAR
to return; to come back

¿Cuándo *regresaste* de Chile?
When did you return from Chile?

Present	Preterite	Imperfect	Future	Conditional
regalo	regalé	regalaba	regalaré	regalaría
regalas	regalaste	regalabas	regalarás	regalarías
regala	regaló	regalaba	regalará	regalaría
regalamos	regalamos	regalábamos	regalaremos	regalaríamos
regaláis	regalasteis	regalabais	regalaréis	regalaríais
regalan	regalaron	regalaban	regalarán	regalarían

Present Subjunctive	Imperfect Subjunctive	Imperative	Present Participle	Past Participle
regale	regalara	regala	regalando	regalado
regales	regalaras	regales*		
regale	regalara	regalad		
regalemos	regaláramos	regaléis*		
regaléis	regalarais	regale		
regalen	regalaran	regalen		

CONSTITUIR

to constitute; to make up

Las tres moléculas constituyen un átomo.
The three molecules constitute one atom.

REGALAR
to give as a gift

Sus compañeros le *regalaron* un viaje a Suiza.
Her classmates gave her a trip to Switzerland as a gift.

Present	Preterite	Imperfect	Future	Conditional
constituyo	constituí	constituía	constituiré	constituiría
constituyes	constituiste	constituías	constituirás	constituirías
constituye	constituyó	constituía	constituirá	constituiría
constituimos	constituimos	constituíamos	constituiremos	constituiríamos
constituís	constituisteis	constituíais	constituiréis	constituiríais
constituyen	constituyeron	constituían	constituirán	constituirían

Present Subjunctive	Imperfect Subjunctive	Imperative	Present Participle	Past Participle
constituya	constituyera	constituye	constituyendo	constituido
constituyas	constituyeras	constituyas*		
constituya	constituyera	constituid		
constituyamos	constituyéramos	constituyáis*		
constituyáis	constituyerais	constituya		
constituyan	constituyeran	constituyan		

Present	Preterite	Imperfect	Future	Conditional
refugio	refugié	refugiaba	refugiaré	refugiaría
refugias	refugiaste	refugiabas	refugiarás	refugiarías
refugia	refugió	refugiaba	refugiará	refugiraía
refugiamos	refugiamos	refugiábamos	refugiaremos	refugiaríamos
refugiáis	refugiasteis	refugiabais	refugiaréis	refugiaríais
refugian	refugiaron	refugiaban	refugiarán	refugiarían

Present Subjunctive	Imperfect Subjunctive	Imperative	Present Participle	Past Participle
refugie	refugiara	refugia	refugiando	refugiado
refugies	refugiaras	refugies*		
refugie	refugiara	refugiad		
refugiemos	refugiáramos	refugiéis*		
refugiéis	refugiarais	refugie		
refugien	refugiaran	refugien		

CONSTRUIR
to build; to erect

La compañía *construyó* un edificio moderno en el centro.
The company built a modern building downtown.

REFUGIAR(SE)
to seek refuge

Las víctimas *se refugiaron* en la embajada.
The victims sought refuge in the embassy.

Present	Preterite	Imperfect	Future	Conditional
construyo	construí	construía	construiré	construiría
construyes	construiste	construías	construirás	construirías
construye	construyó	construía	construirá	construiría
construimos	construimos	construíamos	construiremos	construiríamos
construís	construisteis	construíais	construiréis	construiríais
construyen	construyeron	construían	construirán	construirían

Present Subjunctive	Imperfect Subjunctive	Imperative	Present Participle	Past Participle
construya	construyera		construyendo	construido
construyas	construyeras	construye		
construya	construyera	construyas*		
construyamos	construyéramos	construid		
construyáis	construyerais	construyáis*		
construyan	construyeran	construya		
		construyan		

Present	Preterite	Imperfect	Future	Conditional
reemplazo	reemplacé	reemplazaba	reemplazaré	reemplazaría
reemplazas	reemplazaste	reemplazabas	reemplazará	reemplazarías
reemplaza	reemplazó	reemplazaba	reemplazará	reemplazaría
reemplazamos	reemplazamos	reemplazábamos	reemplazaremos	reemplazaríamos
reemplazáis	reemplazasteis	reemplazabais	reemplazaréis	reemplazaríais
reemplazan	reemplazaron	reemplazaban	reemplazarán	reemplazarían

Present Subjunctive	Imperfect Subjunctive	Imperative	Present Participle	Past Participle
reemplace	reemplazara	reemplaza	reemplazando	reemplazado
reemplaces	reemplazara	reemplaces*		
reemplace	reemplazara	reemplazad		
reemplacemos	reemplazáramos	reemplacéis*		
reemplacéis	reeplazarais	reemplace		
reemplacen	reemplazaran	reemplacen		

CONTAR
to count; to relate; to tell

El niño *cuenta* del cero al diez.
The boy counts from zero to 10.

Present	Preterite	Imperfect	Future	Conditional
cuento	conté	contaba	contaré	contaría
cuentas	contaste	contabas	contarás	contarías
cuenta	contó	contaba	contará	contaría
contamos	contamos	contábamos	contaremos	contaríamos
contáis	constasteis	contabais	contaréis	contaríais
cuentan	contaron	contaban	contarán	contarían

Present Subjunctive	Imperfect Subjunctive	Imperative	Present Participle	Past Participle
cuente	contara	cuenta	contando	contado
cuentes	contaras	cuentes*		
cuente	contara	contad		
contemos	contáramos	contéis*		
contéis	contarais	cuente		
cuenten	contaran	cuenten		

REEMPLAZAR
to replace; to substitute

Nosotros *reemplazamos* lo que comemos.
We replace what we eat.

Present	Preterite	Imperfect	Future	Conditional
recorro	recorrí	recorría	recorreré	recorrería
recorres	recorriste	recorrías	recorrerás	recorrerías
recorre	recorrió	recorría	recorrerá	recorrería
recorremos	recorrimos	recorríamos	recorreremos	recorreríamos
recorréis	recorristeis	recorríais	recorreréis	recorreríais
recorren	recorrieron	recorrían	recorrerán	recorrerían

Present Subjunctive	Imperfect Subjunctive	Imperative	Present Participle	Past Participle
recorra	recorriera	recorre	recorriendo	recorrido
recorras	recorrieras	recorras*		
recorra	recorriera	recorred		
recorramos	recorriéramos	recorráis*		
recorráis	recorrierais	recorra		
recorran	recorrieran	recorran		

CONTINUAR
to continue

Marisol *continúa* dibujando sus cuadros.
Marisol *continues* to draw her paintings.

RECORRER

to travel; to traverse

Recorrimos Europa durante el verano.
We travelled through Europe in the summer.

Present	**Preterite**	**Imperfect**	**Future**	**Conditional**
continúo	continué	continuaba	continuaré	continuaría
continúas	continuaste	continuabas	continuarás	continuarías
continúa	continuó	continuaba	continuará	continuaría
continuamos	continuamos	continuábamos	continuaremos	continuaríamos
continuáis	continuasteis	continuabais	continuaréis	continuaríais
continúan	continuaron	continuaban	continuarán	continuarían

Present Subjunctive	**Imperfect Subjunctive**	**Imperative**	**Present Participle**	**Past Participle**
continúe	continuara		continuando	continuado
continúes	continuaras	continúa		
continúe	continuara	continúes*		
continuemos	continuáramos	continuad		
continuéis	continuarais	continuéis*		
continúen	continuaran	continúe		
		continúen		

Present	Preterite	Imperfect	Future	Conditional
recuerdo	recordé	recordaba	recordaré	recordaría
recuerdas	recordaste	recordabas	recordarás	recordarías
recuerda	recordó	recordaba	recordará	recordaría
recordamos	recordamos	recordábamos	recordaremos	recordaríamos
recordáis	recordasteis	recordabais	recordaréis	recordaríais
recuerdan	recordaron	recordaban	recordarán	recordarían

Present Subjunctive	Imperfect Subjunctive	Imperative	Present Participle	Past Participle
recuerde	recordara	recuerda	recordando	recordado
recuerdes	recordaras	recuerdes*		
recuerde	recordara	recordad		
recordemos	recordáramos	recordéis*		
recordéis	recordarais	recuerde		
recuerden	recordaran	recuerden		

CONTRIBUIR
to contribute

Nosotros *contribuimos* dinero para las buenas obras.
We contribute money for charity.

Present	Preterite	Imperfect	Future	Conditional
contribuyo	contribuí	contribuía	contribuiré	contribuiría
contribuyes	contribuiste	contribuías	contribuirás	contribuirías
contribuye	contribuyó	contribuía	contribuirá	contribuiría
contribuimos	contribuimos	contribuíamos	contribuiremos	contribuiríamos
contribuís	contribuisteis	contribuíais	contribuiréis	contribuiríais
contribuyen	contribuyeron	contribuían	contribuirán	contribuirían

Present Subjunctive	Imperfect Subjunctive	Imperative	Present Participle	Past Participle
contribuya	contribuyera	contribuye	contribuyendo	contribuido
contribuyas	contribuyeras	contribuyas*		
contribuya	contribuyera	contribuid		
contribuyamos	contribuyéramos	contrubuyáis*		
contribuyáis	contribuyerais	contribuya		
contribuyan	contribuyera	contribuyan		

RECORDAR
to recollect; to remember

Recuerdo momentos felices de mi niñez.
I remember happy moments of my childhood.

Present	Preterite	Imperfect	Future	Conditional
reconozco	reconocí	reconocía	reconoceré	reconocería
reconoces	reconociste	reconocías	reconocerás	recononcerías
reconoce	reconoció	reconocía	reconocerá	reconocería
reconocemos	reconocimos	reconocíamos	reconoceremos	reconoceríamos
reconocéis	reconocisteis	reconocíais	reconoceréis	reconoceríais
reconocen	reconocieron	reconocían	reconocerán	reconocerían

Present Subjunctive	Imperfect Subjunctive	Imperative	Present Participle	Past Participle
reconozca	reconociera	reconoce	reconociendo	reconocido
reconozcas	reconocieras	reconozcas*		
reconozca	reconociera	reconoced		
reconozcamos	reconociéramos	reconozcáis*		
reconozcáis	reconocierais	reconozca		
reconozcan	reconocieran	reconozcan		

La profesora *corrige* los ensayos de los estudiantes.
The teacher corrects the students' essays.

CORREGIR
to correct

Present	Preterite	Imperfect	Future	Conditional
corrijo	corregí	corregía	corregiré	corregiría
corriges	corregiste	corregías	corregirás	corregirías
corrige	corrigió	corregía	corregirá	corregiría
corregimos	corregimos	corregíamos	corregiremos	corregiríamos
corregís	corregisteis	corregíais	corregiréis	corregiríais
corrigen	corrigieron	corregían	corregirán	corregirían

Present Subjunctive	Imperfect Subjunctive	Imperative	Present Participle	Past Participle
corrija	corrigiera	corrige	corrigiendo	corregido
corrijas	corrigieras	corrijas*		
corrija	corrigiera	corregid		
corrijamos	corrigiéramos	corrijáis*		
corrijáis	corrigierais	corrija		
corrijan	corrigieran	corrijan		

RECONOCER
to recognize; to admit

No reconozco a este chico.
I don't recognize this young man.

Present	Preterite	Imperfect	Future	Conditional
recomiendo	recomendé	recomendaba	recomendaré	recomendaría
recomiendas	recomendaste	recomendabas	recomendarás	recomendarías
recomienda	recomendó	recomendaba	recomendará	recomendaría
recomendamos	recomendamos	recomendábamos	recomendaremos	recomendaríamos
recomendáis	recomendaste	recomendabais	recomendaréis	recomendaríais
recomiendan	recomendaron	recomendaban	recomendarán	recomendarían

Present Subjunctive	Imperfect Subjunctive	Imperative	Present Participle	Past Participle
recomiende	recomendara		recomendando	recomendado
recomiendes	recomendaras	recomienda		
recomiende	recomendara	recomiendes*		
recomendemos	recomendáramos	recomendad		
recomendéis	recomendarais	recomendéis*		
recomienden	recomendaran	recomiende		
		recomienden		

COSER
to sew

La dama *cose* su falda en la máquina de coser.
The lady *sews* her skirt on her sewing machine.

RECOMENDAR
to recommend; to advise

El mesero *recomienda* el pescado del día.
The waiter recommends the fish of the day.

Present	Preterite	Imperfect	Future	Conditional
coso	cosí	cosía	coseré	cosería
coses	cosiste	cosías	coserás	coserías
cose	cosió	cosía	coserá	cosería
cosemos	cosimos	cosíamos	coseremos	coseríamos
coséis	cosisteis	cosíais	coseréis	coseríais
cosen	cosieron	cosían	coserán	coserían

Present Subjunctive	Imperfect Subjunctive	Imperative	Present Participle	Past Participle
cosa	cosiera	cose	cosiendo	cosido
cosas	cosieras	cosas*		
cosa	cosiera	cosed		
cosamos	cosiéramos	cosáis*		
cosáis	cosierais	cosa		
cosan	cosieran	cosan		

Present	**Preterite**	**Imperfect**	**Future**	**Conditional**
recojo	recogí	recogía	recogeré	recogería
recoges	recogiste	recogías	recogerás	recogerías
recoge	recogió	recogía	recogerá	recogería
recogemos	recogimos	recogíamos	recogeremos	recogeríamos
recogéis	recogisteis	recogíais	recogeréis	recogeríais
recogen	recogieron	recogían	recogerán	recogerían

Present Subjunctive	**Imperfect Subjunctive**	**Imperative**	**Present Participle**	**Past Participle**
recoja	recogiera	recoge	recogiendo	recogido
recojas	recogieras	recojas*		
recoja	recogiera	recoged		
recojamos	recogiéramos	recojáis*		
recojáis	recogierais	recoja		
recojan	recogieran	recojan		

COSTAR
to cost

El automóvil *cuesta* veinte mil dólares.
The car costs 20,000 dollars.

RECOGER
to gather; to pick up

El conductor *recoge* los boletos de los pasajeros.
The conductor gathers the tickets from the passengers.

Present	Preterite	Imperfect	Future	Conditional
cuesto	costé	costaba	costaré	costaría
cuestas	costaste	costabas	costarás	costarías
cuesta	costó	costaba	costará	costaría
costamos	costamos	costábamos	costaremos	costaríamos
costáis	costasteis	costabais	costaréis	costaríais
cuestan	costaron	costaban	costarán	costarían

Present Subjunctive	Imperfect Subjunctive	Imperative	Present Participle	Past Participle
cueste	costara	cuesta	costando	costado
cuestes	costaras	cuestes*		
cueste	costara	costad		
costemos	costáramos	costéis*		
costéis	costarais	cueste		
cuesten	costaran	cuesten		

Present	Preterite	Imperfect	Future	Conditional
recibo	recibí	recibía	recibiré	recibiría
recibes	recibiste	recibías	recibirás	recibirías
recibe	recibió	recibía	recibirá	recibiría
recibimos	recibimos	recibíamos	recibiremos	recibiríamos
recibís	recibisteis	recibíais	recibiréis	recibiríais
reciben	recibieron	recibían	recibirán	recibirían

Present Subjunctive	Imperfect Subjunctive	Imperative	Present Participle	Past Participle
reciba	recibiera	recibe	recibiendo	recibido
recibas	recibieras	recibas*		
reciba	recibiera	recibid		
recibamos	recibiéramos	recibáis*		
recibáis	recibierais	reciba		
reciban	recibieran	reciban		

CREER
to believe

Creo que lloverá mañana por la tarde.
I believe it will rain tomorrow afternoon.

RECIBIR
to receive

Me alegro mucho cuando *recibo* regalos de mis amigos.
I am very happy when I receive gifts from my friends.

Present	Preterite	Imperfect	Future	Conditional
creo	creí	creía	creeré	creería
crees	creíste	creías	creerás	creerías
cree	creyó	creía	creerá	creería
creemos	creímos	creíamos	creeremos	creeríamos
creéis	creísteis	creíais	creeréis	creeríais
creen	creyeron	creían	creerán	creerían

Present Subjunctive	Imperfect Subjunctive	Imperative	Present Participle	Past Participle
crea	creyera	cree	creyendo	creído
creas	creyeras	creas*		
crea	creyera	creed		
creamos	creyéramos	creáis*		
creáis	creyerais	crea		
crean	creyeran	crean		

Present	Preterite	Imperfect	Future	Conditional
rechazo	rechacé	rechazaba	rechazaré	rechazaría
rechazas	rechazaste	rechazabas	recharzarás	rechazarías
rechaza	rechazó	rechazaba	rechazará	rechazaría
rechazamos	rechazamos	rechazábamos	rechazaremos	rechazaríamos
rezchasáis	rechazasteis	rechazabais	rechazaréis	rechazaríais
rechazan	rechazaron	rechazaban	rechazarán	rechazarían

Present Subjunctive	Imperfect Subjunctive	Imperative	Present Participle	Past Participle
rechace	rechazara	rechaza	rechazando	rechazado
rechaces	rechazaras	rechaces*		
rechace	rechazara	rechazad		
rechacemos	rechazáramos	rechacéis*		
rechacéis	rechazarais	rechace		
rechacen	rechazaran	rechacen		

CRUZAR

to cross

Cuando *cruces* la calle, mira a ambos lados.
When you cross the street, look both ways.

Present	Preterite	Imperfect	Future	Conditional
cruzo	crucé	cruzaba	cruzaré	cruzaría
cruzas	cruzaste	cruzabas	cruzarás	cruzarías
cruza	cruzó	cruzaba	cruzará	cruzaría
cruzamos	cruzamos	cruzábamos	cruzaremos	cruzaríamos
cruzáis	cruzasteis	cruzabais	cruzaréis	cruzaríais
cruzan	cruzaron	cruzaban	cruzarán	cruzarían

Present Subjunctive	Imperfect Subjunctive	Imperative	Present Participle	Past Participle
cruce	cruzara	cruza	cruzando	cruzado
cruces	cruzaras	cruces*		
cruce	cruzara	cruzad		
crucemos	cruzáramos	crucéis*		
crucéis	cruzarais	cruce		
crucen	cruzaran	crucen		

RECHAZAR
to reject

El juez *rechazará* el caso por su falta de jurisdicción.
The judge will reject the law suit because of his lack of jurisdiction.

Present	Preterite	Imperfect	Future	Conditional
realizo	realicé	realizaba	realizaré	realizaría
realizas	realizaste	realizabas	realizarás	realizarías
realiza	realizó	realizaba	realizará	realizaría
realizamos	realizamos	realizábamos	realizaremos	realizaríamos
realizáis	realizasteis	realizabais	realizaréis	realizaríais
realizan	realizaron	realizaban	realizarán	realizarían

Present Subjunctive	Imperfect Subjunctive	Imperative	Present Participle	Past Participle
realice	realizara		realizando	realizado
realices	realizaras	realiza		
realice	realizara	realices*		
realicemos	realizáramos	realizad		
realicéis	realizarais	realicéis*		
realicen	realizaran	realice		
		realicen		

CUIDAR(SE)
to take care of; to take care

¿Quién *cuida* a los niños sus padres mientras trabajan?
Who takes care of the children while their parents work?

REALIZAR

to carry out; to fulfill [realize a dream]

El joven *realizó* sus planes para el futuro.
The young man fulfilled his plans for the future.

Present	Preterite	Imperfect	Future	Conditional
cuido	cuidé	cuidaba	cuidaré	cuidaría
cuidas	cuidaste	cuidabas	cuidarás	cuidarías
cuida	cuidó	cuidaba	cuidará	cuidaría
cuidamos	cuidamos	cuidábamos	cuidaremos	cuidaríamos
cuidáis	cuidasteis	cuidabais	cuidaréis	cuidaríais
cuidan	cuidaron	cuidaban	cuidarán	cuidarían

Present Subjunctive	Imperfect Subjunctive	Imperative	Present Participle	Past Participle
cuide	cuidara	cuida	cuidando	cuidado
cuides	cuidaras	cuides*		
cuide	cuidara	cuidad		
cuidemos	cuidáramos	cuidéis*		
cuidéis	cuidarais	cuide		
cuiden	cuidaran	cuiden		

Present	Preterite	Imperfect	Future	Conditional
quito	quité	quitaba	quitaré	quitaría
quitas	quitaste	quitabas	quitarás	quitarías
quita	quitó	quitaba	quitará	quitaría
quitamos	quitamos	quitábamos	quitaremos	quitaríamos
quitáis	quitasteis	quitabais	quitaréis	quitaríais
quitan	quitaron	quitaban	quitarán	quitarían

Present Subjunctive	Imperfect Subjunctive	Imperative	Present Participle	Past Participle
quite	quitara		quitando	quitado
quites	quitaras	quita		
quite	quitara	quites*		
quitemos	quitáramos	quitad		
quitéis	quitarais	quitéis*		
quiten	quitaran	quite		
		quiten		

CUMPLIR
to carry out; to be years old; to fulfill

El *cumple* los deseos de sus hijos.
He carries out his children's desires.

Present	Preterite	Imperfect	Future	Conditional
cumplo	cumplí	cumplía	cumpliré	cumpliría
cumples	cumpliste	cumplías	cumplirás	cumplirías
cumple	cumplió	cumplía	cumplirá	cumpliría
cumplimos	cumplimos	cumplíamos	cumpliremos	cumpliríamos
cumplís	cumplisteis	cumplíais	cumpliréis	cumpliríais
cumplen	cumplieron	cumplían	cumplirán	cumplirían

Present Subjunctive	Imperfect Subjunctive	Imperative	Present Participle	Past Participle
cumpla	cumpliera		cumpliendo	cumplido
cumplas	cumplieras	cumple		
cumpla	cumpliera	cumplas*		
cumplamos	cumpliéramos	cumplid		
cumpláis	cumplierais	cumpláis*		
cumplan	cumplieran	cumpla		
		cumplan		

QUITAR(SE)

to take away; to remove; to take off [as with clothing]

No te quites el abrigo. Todavía hace mucho frío.
Don't take off your coat. It is still very cold.

Present	Preterite	Imperfect	Future	Conditional
quiero	quise	quería	querré	querría
quieres	quisiste	querías	querrás	querrías
quiere	quiso	quería	querrá	querría
queremos	quisimos	queríamos	querremos	querríamos
queréis	quisisteis	queríais	querréis	querríais
quieren	quisieron	querían	querrán	querrían

Present Subjunctive	Imperfect Subjunctive	Imperative	Present Participle	Past Participle
quiera	quisiera	quiere	queriendo	querido
quieras	quisieras	quieras*		
quiera	quisiera	quered		
queramos	quisiéramos	queráis*		
queráis	quisierais	quiera		
quieran	quisieran	quieran		

CURAR

to cure; to heal

La medicina *cura* al enfermo.
The medicine cures the sick person.

QUERER
to want; to wish; to love

Ella *quiere* ir a la fiesta.
She wants to go to the party.

Present	Preterite	Imperfect	Future	Conditional
curo	curé	curaba	curaré	curaría
curas	curaste	curabas	curarás	curarías
cura	curó	curaba	curará	curaría
curamos	curamos	curábamos	curaremos	curaríamos
curáis	curasteis	curabais	curaréis	curaríais
curan	curaron	curaban	curarán	curarían

Present Subjunctive	Imperfect Subjunctive	Imperative	Present Participle	Past Participle
cure	curara	cura	curando	curado
cures	curaras	cures*		
cure	curara	curad		
curemos	curáramos	curéis*		
curéis	curarais	cure		
curen	curaran	curen		

Present	Preterite	Imperfect	Future	Conditional
quemo	quemé	quemaba	quemaré	quemaría
quemas	quemaste	quemabas	quemarás	quemarías
quema	quemó	quemaba	quemará	quemaría
quemamos	quemamos	quemábamos	quemaremos	quemaríamos
quemáis	quemasteis	quemabais	quemaréis	quemaríais
queman	quemaron	quemaban	quemarán	quemarían

Present Subjunctive	Imperfect Subjunctive	Imperative	Present Participle	Past Participle
queme	quemara	quema	quemando	quemado
quemes	quemaras	quemes*		
queme	quemara	quemad		
quememos	quemáramos	queméis*		
queméis	quemarais	queme		
quemen	quemaran	quemen		

DAÑAR
to harm; to damage

Las tormentas *dañaron* los árboles.
The storms damaged the trees.

Present	Preterite	Imperfect	Future	Conditional
daño	dañé	dañaba	dañaré	dañaría
dañas	dañaste	dañabas	dañarás	dañarías
daña	dañó	dañaba	dañará	dañaría
dañamos	dañamos	dañábamos	dañaremos	dañaríamos
dañáis	dañasteis	dañabais	dañaréis	dañaríais
dañan	dañaron	dañaban	dañarán	dañarían

Present Subjunctive	Imperfect Subjunctive	Imperative	Present Participle	Past Participle
dañe	dañara	daña	dañando	dañado
dañes	dañaras	dañes*		
dañe	dañara	dañad		
dañemos	dañáramos	dañéis*		
dañéis	dañarais	dañe		
dañen	dañaran	dañen		

QUEMAR
to burn

El incendio *quemó* gran parte del bosque.
The fire burned a large part of the forest.

Present	Preterite	Imperfect	Future	Conditional
quejo	quejé	quejaba	quejaré	quejaría
quejas	quejaste	quejabas	quejarás	quejarías
queja	quejó	quejaba	quejará	quejaría
quejamos	quejamos	quejábamos	quejaremos	quejaríamos
quejáis	quejasteis	quejabais	quejaréis	quejaríais
quejan	quejaron	quejaban	quejarán	quejarían

Present Subjunctive	Imperfect Subjunctive	Imperative	Present Participle	Past Participle
queje	quejara		quejando	quejado
quejes	quejaras	queja		
queje	quejara	quejes*		
quejemos	quejáramos	quejad		
quejéis	quejarais	quejéis*		
quejen	quejaran	queje		
		quejen		

DAR
To give

Le *di* el regalo a mi novia.
I gave my girlfriend the gift.

QUEJAR(SE)
to complain

Nadie *se queja* de la tarea que el profesor da para el fin de semana.
No one complains about the homework the teacher gives for the weekend.

Present	Preterite	Imperfect	Future	Conditional
doy	di	daba	daré	daría
das	diste	dabas	darás	darías
da	dio	daba	dará	daría
damos	dimos	dábamos	daremos	daríamos
dais	disteis	dabais	daréis	daríais
dan	dieron	daban	darán	darían

Present Subjunctive	Imperfect Subjunctive	Imperative	Present Participle	Past Participle
dé	diera	da	dando	dado
des	dieras	des*		
dé	diera	dad		
demos	diéramos	deis*		
deis	dierais	dé		
den	dieran	den		

Present	Preterite	Imperfect	Future	Conditional
quedo	quedé	quedaba	quedaré	quedaría
quedas	quedaste	quedabas	quedarás	quedarías
queda	quedó	quedaba	quedará	quedaría
quedamos	quedamos	quedábamos	quedaremos	quedaríamos
quedáis	quedasteis	quedabais	quedaréis	quedaríais
quedan	quedaron	quedaban	quedarán	quedarían

Present Subjunctive	Imperfect Subjunctive	Imperative	Present Participle	Past Participle
quede	quedara	queda	quedando	quedado
quedes	quedaras	quedes*		
quede	quedara	quedad		
quedemos	quedáramos	quedéis*		
quedéis	quedarais	quede		
queden	quedaran	queden		

DEBER

should; to owe

Tú *debes* asistir a la escuela todos los días.
You should attend school every day.

QUEDAR(SE)
to stay, to remain

Ernesto *se queda* en casa de sus padres cuando los visita.
Henry stays in his parents' house when he visits them.

Present	Preterite	Imperfect	Future	Conditional
debo	debí	debía	deberé	debería
debes	debiste	debías	deberás	deberías
debe	debió	debía	deberá	debería
debemos	debimos	debíamos	deberemos	deberíamos
debéis	debisteis	debíais	deberéis	deberíais
deben	debieron	debían	deberán	deberían

Present Subjunctive	Imperfect Subjunctive	Imperative	Present Participle	Past Participle
deba	debiera	debe	debiendo	debido
debas	debieras	debas*		
deba	debiera	debed		
debamos	debiéramos	debáis*		
debáis	debierais	deba		
deban	debieran	deban		

Present	Preterite	Imperfect	Future	Conditional
quiebro	quebré	quebraba	quebraré	quebraría
quiebras	quebraste	quebrabas	quebrarás	quebrarías
quiebra	quebró	quebraba	quebrará	quebraría
quebramos	quebramos	quebrábamos	quebraremos	quebraríamos
quebráis	quebrasteis	quebrabais	quebraréis	quebraríais
quiebran	quebraron	quebraban	quebrarán	quebrarían

Present Subjunctive	Imperfect Subjunctive	Imperative	Present Participle	Past Participle
quiebre	quebrara		quebrando	quebrado
quiebres	quebraras	quiebra		
quiebre	quebrara	quebres*		
quebremos	quebráramos	quebrad		
quebréis	quebrarais	quebréis*		
quiebren	quebraran	quiebre		
		quiebren		

DECIDIR

to decide

¿Quiénes *deciden* cuánto costará la cena?
Who decides how much the meal will cost?

Present	Preterite	Imperfect	Future	Conditional
decido	decidí	decidía	decidiré	decidiría
decides	decidiste	decidías	decidirás	decidirías
decide	decidió	decidía	decidirá	decidiría
decidimos	decidimos	decidíamos	decidiremos	decidiríamos
decidís	decidisteis	decidíais	decidiréis	decidiríais
deciden	decidieron	decidían	decidirán	decidirían

Present Subjunctive	Imperfect Subjunctive	Imperative	Present Participle	Past Participle
decida	decidiera		decidiendo	decidido
decidas	decidieras	decide		
decida	decidiera	decidas*		
decidamos	decidiéramos	decidid		
decidáis	decidierais	decidáis*		
decidan	decidieran	decida		
		decidan		

QUEBRAR
to break, to snap; to crack; to go bankrupt

Adela *quebró* el bastón de Bernarda.
Adela broke Bernarda's cane.

Present	Preterite	Imperfect	Future	Conditional
proveo	proveí	proveía	proveeré	proveería
provees	proveíste	proveías	proveerás	proveerías
provee	proveyó	proveía	proveerá	proveería
proveemos	proveímos	proveíamos	proveeremos	proveeríamos
proveéis	proveísteis	proveíais	proveeréis	proveeríais
proveen	proveyeron	proveían	proveerán	proveerían

Present Subjunctive	Imperfect Subjunctive	Imperative	Present Participle	Past Participle
provea	proveyera	provee	proveyendo	proveído;
proveas	proveyeras	proveas*		
provea	proveyera	proveed		
proveamos	proveyéramos	proveáis*		
proveáis	proveyerais	provea		
provean	proveyeran	provean		

DECIR
to say, to tell

El alcalde *dijo* que no estaba a favor de nuevos impuestos.
The mayor said that he was not in favor of new taxes.

PROVEER
to provide

La familia nos *provee* con amor y felicidad.
The family provides us with love and happiness.

Present	Preterite	Imperfect	Future	Conditional
digo	dije	decía	diré	diría
dices	dijiste	decías	dirás	dirías
dice	dijo	decía	dirá	diría
decimos	dijimos	decíamos	diremos	diríamos
decís	dijisteis	decíais	diréis	diríais
dicen	dijeron	decían	dirán	dirían

Present Subjunctive	Imperfect Subjunctive	Imperative	Present Participle	Past Participle
diga	dijera	di	diciendo	dicho
digas	dijeras	digas*		
diga	dijera	decid		
digamos	dijéramos	digáis*		
digáis	dijerais	diga		
digan	dijeran	digan		

Present	Preterite	Imperfect	Future	Conditional
protejo	protegí	protegía	protegeré	protegería
proteges	protegiste	protegías	protegerás	protegerías
protege	protegió	protegía	protegerá	protegería
protegemos	protegimos	protegíamos	protegeremos	protegeríamos
protegéis	protegisteis	protegíais	protegeréis	protegeríais
protegen	protegieron	protegían	protegerán	protegerían

Present Subjunctive	Imperfect Subjunctive	Imperative	Present Participle	Past Participle
proteja	protegiera		protegiendo	protegido
protejas	protegieras	protege		
proteja	protegiera	protejas*		
protejamos	protegiéramos	proteged		
protejáis	protegierais	protejáis*		
protejan	protegieran	proteja		
		protejan		

DEJAR

to allow; to let; to leave

Dejé mi cuaderno en la clase.
I left my notebook in class.

PROTEGER
to protect

Los árboles nos *protegen* de la intemperie.
The trees protect us from the elements.

Present	Preterite	Imperfect	Future	Conditional
dejo	dejé	dejaba	dejaré	dejaría
dejas	dejaste	dejabas	dejarás	dejarías
deja	dejó	dejaba	dejará	dejaría
dejamos	dejamos	dejábamos	dejaremos	dejaríamos
dejáis	dejasteis	dejabais	dejaréis	dejaríais
dejan	dejaron	debajan	dejarán	dejarían

Present Subjunctive	Imperfect Subjunctive	Imperative	Present Participle	Past Participle
deje	dejara	deja	dejando	dejado
dejes	dejaras	dejes*		
deje	dejara	dejad		
dejemos	dejáramos	dejéis*		
dejéis	dejarais	deje		
dejen	dejaran	dejen		

Present	Preterite	Imperfect	Future	Conditional
prohíbo	prohibí	prohibía	prohibiré	prohibiría
prohíbes	prohibiste	prohibías	prohibirás	prohibirías
prohíbe	prohibió	prohibía	prohibirá	prohibiría
prohibimos	prohibimos	prohibíamos	prohibiremos	prohibiríamos
prohibís	prohibisteis	prohibíais	prohibiréis	prohibiríais
prohíben	prohibieron	prohibían	prohibirán	prohibiría

Present Subjunctive	Imperfect Subjunctive	Imperative	Present Participle	Past Participle
prohíba	prohibiera	prohíbe	prohibiendo	prohibido
prohíbas	prohibieras	prohíbas*		
prohíba	prohibiera	prohibid		
prohibamos	prohibiéramos	prohibáis*		
prohibáis	prohibierais	prohíba		
prohíban	prohibieran	prohíban		

DEMOSTRAR

to demonstrate

Mónica *demuestra* afición a la literatura.

Monica *demonstrates* a fondness for literature.

Present	**Preterite**	**Imperfect**	**Future**	**Conditional**
demuestro	demostré	demostraba	demostraré	demostraría
demuestras	demostraste	demostrabas	demostrarás	demostrarías
demuestra	demostró	demostraba	demostrará	demostraría
demostramos	demostramos	demostrábamos	demostraremos	demostraríamos
demostráis	demostrasteis	demostrabais	demostraréis	demostraríais
demuestran	demostraron	demostraban	demostrarán	demostrarían

Present Subjunctive	**Imperfect Subjunctive**	**Imperative**	**Present Participle**	**Past Participle**
demuestre	demostrara		demostrando	demostrado
demuestres	demostraras	demuestra		
demuestre	demostrara	demuestres*		
demostremos	demostráramos	demostrad		
demostréis	demostrarais	demostréis*		
demuestren	demostraran	demuestre		
		demuestren		

PROHIBIR
to prohibit, to forbid; to ban

Te *prohibo* que digas mentiras.
I prohibit you from telling lies.

Present	Preterite	Imperfect	Future	Conditional
produzco	produje	producía	produciré	produciría
produces	produjiste	producías	producirás	producirías
produce	produjo	producía	producirá	produciría
producimos	produjimos	producíamos	produciremos	produciríamos
producís	produjisteis	producíais	produciréis	produciríais
producen	produjeron	producían	producirán	producirían

Present Subjunctive	Imperfect Subjunctive	Imperative	Present Participle	Past Participle
produzca	produjera	produce	produciendo	producido
produzcas	produjeras	produzcas*		
produzca	produjera	producid		
produzcamos	produjéramos	produzcáis*		
produzcáis	produjerais	produzca		
produzcan	produjeran	produzcan		

DERRAMAR

to spill; to pour out; to scatter

Cuando ella sirvió la limonada, se le *derramó* un poco.
When she served the lemonade, she spilled a bit.

Present	Preterite	Imperfect	Future	Conditional
derramo	derramé	derramaba	derramaré	derramaría
derramas	derramaste	derramabas	derramarás	derramarías
derrama	derramó	derramaba	derramará	derramaría
derramamos	derramamos	derramábamos	derramaremos	derramaríam
derramáis	derramasteis	derramabais	derramaréis	derramaríais
derraman	derramaron	derramaban	derramarán	derramarían

Present Subjunctive	Imperfect Subjunctive	Imperative	Present Participle	Past Participle
derrame	derramara	derrama	derramando	derramado
derrames	derramaras	derrames*		
derrame	derramara	derramad		
derramemos	derramáramos	derraméis*		
derraméis	derramarais	derrame		
derramen	derramaran	derramen		

PRODUCIR
to produce; to yield; to generate

La fábrica *produce* más de mil automóviles cada mes.
The factory produces more than a thousand cars each month.

Present	Preterite	Imperfect	Future	Conditional
proclamo	proclamé	proclamaba	proclamaré	proclamaría
proclamas	proclamaste	proclamabas	proclamarás	proclamarías
proclama	proclamó	proclamaba	proclamará	proclamaría
proclamamos	proclamamos	proclamábamos	proclamaremos	proclamaríamos
proclamáis	proclamasteis	proclamabais	proclamaréis	proclamaríais
proclaman	proclamaron	proclamaban	proclamarán	proclamarían

Present Subjunctive	Imperfect Subjunctive	Imperative	Present Participle	Past Participle
proclame	proclamara	proclama	proclamando	proclamado
proclames	proclamaras	proclames*		
proclame	proclamara	proclamad		
proclamemos	proclamáramos	proclaméis*		
proclaméis	proclamarais	proclame		
proclamen	proclamaran	proclamen		

DESAYUNAR(SE)

to breakfast; to have for breakfast

Mi familia nunca *desayuna* huevos con tocino.
My family never has eggs and bacon for breakfast.

PROCLAMAR
to proclaim

El alcalde *proclamó* el primero del mes como día feriado.
The mayor proclaimed the first of the month as a holiday.

Present	Preterite	Imperfect	Future	Conditional
desayuno	desayuné	desayunaba	desayunaré	desayunaría
desayunas	desayunaste	desayunabas	desayunarás	desayunarías
desayuna	desayunó	desayunaba	desayunará	desayunaría
desayunamos	desayunamos	desayunábamos	desayunaremos	desayunaríamos
desayunáis	desayunasteis	desayunabais	desayunaréis	desayunaríais
desayunan	desayunaron	desayunaban	desayunarán	desayunarían

Present Subjunctive	Imperfect Subjunctive	Imperative	Present Participle	Past Participle
desayune	desayunara	desayuna	desayunando	desayunado
desayunes	desayunaras	desayunes*		
desayune	desayunara	desayunad		
desayunemos	desayunáramos	desayunéis*		
desayunéis	desayunarais	desayune		
desayunen	desayunaran	desayunen		

Present	Preterite	Imperfect	Future	Conditional
pruebo	probé	probaba	probaré	probaría
pruebas	probaste	probabas	propabarás	probarías
prueba	probó	probaba	probará	probaría
probamos	probamos	probábamos	probaremos	probaríamos
probáis	probasteis	probabais	probaréis	probaríais
prueban	probaron	probaban	probarán	probarían

Present Subjunctive	Imperfect Subjunctive	Imperative	Present Participle	Past Participle
pruebe	probara	prueba	probando	probado
pruebes	probaras	pruebes*		
pruebe	probara	probad		
probemos	probáramos	probéis*		
probéis	probarais	pruebe		
prueben	probaran	prueben		

DESCRIBIR
to describe

Te describiré el evento cuando vuelva.
I will describe the event to you when I return.

Present	Preterite	Imperfect	Future	Conditional
describo	describí	describía	describiré	describiría
describes	describiste	describías	describirás	describirías
describe	describió	describía	describirá	describiría
describimos	describimos	describíamos	describiremos	describiríamos
describís	describisteis	describíais	describiréis	describiríais
describen	describieron	describían	describirán	describirían

Present Subjunctive	Imperfect Subjunctive	Imperative	Present Participle	Past Participle
describa	describiera	describe	describiendo	descrito
describas	describieras	describas*		
describa	describiera	describid		
describamos	describiéramos	describáis*		
describáis	describierais	describa		
describan	describieran	describan		

PROBAR
to prove; to test; to taste; to try

El hombre *probó* su inocencia en la corte.
The man proved his innocence in court.

Present	Preterite	Imperfect	Future	Conditional
prevengo	previne	prevenía	prevendré	prevendría
previenes	previniste	prevenías	prevendrás	prevendrías
previene	previno	prevenía	prevendrá	prevendría
prevenimos	previnimos	preveníamos	prevendremos	prevendríamos
prevenís	previnisteis	preveníais	prevendréis	prevendríais
previenen	previnieron	prevenían	prevendrán	prevendrían

Present Subjunctive	Imperfect Subjunctive	Imperative	Present Participle	Past Participle
prevenga	previniera	prevén	previniendo	prevenido
prevengas	previnieras	prevengas*		
prevenga	previniera	prevenid		
prevengamos	previniéramos	prevengáis*		
prevengáis	previnierais	prevenga		
prevengan	previnieran	prevengan		

(DES)CUBRIR
to (dis)cover

Colón *descubrió* el Nuevo Mundo en 1492.

Columbus discovered the New World in 1492.

Present	Preterite	Imperfect	Future	Conditional
descubro	descubrí	descubría	descubriré	descubriría
descubres	descubriste	descubrías	descubrirás	descubrirías
descubre	descubrió	descubría	descubrirá	descubriría
descubrimos	descubrimos	descubríamos	descubriremos	descubriríamos
descubrís	descubristeis	descubríais	descubriréis	descubriríais
descubren	descubrieron	descubrían	descubrirán	descubrirían

Present Subjunctive	Imperfect Subjunctive	Imperative	Present Participle	Past Participle
descubra	descubriera	descubre	descubriendo	descubierto
descubras	descubrieras	descubras*		
descubra	descubriera	descubrid		
descubramos	descubriéramos	descubráis*		
descubráis	descubrierais	descubra		
descubran	descubrieran	descubran		

PREVENIR
to prevent; to warn

Las vacunas *previenen* algunas enfermedades.
Vaccines prevent some diseases.

Present	Preterite	Imperfect	Future	Conditional
pretendo	pretendí	pretendía	pretenderé	pretendería
pretendes	pretendiste	pretendías	pretenderás	pretenderías
pretende	pretendió	pretendía	pretenderá	pretendería
pretendemos	pretendimos	pretendíamos	pretenderemos	pretenderíamos
pretendéis	pretendisteis	pretendíais	pretenderéis	pretenderíais
pretenden	pretendieron	pretendían	pretenderán	pretenderían

Present Subjunctive	Imperfect Subjunctive	Imperative	Present Participle	Past Participle
pretenda	pretendiera	pretende	pretendiendo	pretendido
pretendas	pretendieras	pretendas*		
pretenda	pretendiera	pretended		
pretendamos	pretendiéramos	pretendáis*		
pretendáis	pretendierais	pretenda		
pretendan	pretendieran	pretendan		

DESEAR

to wish; to desire; to want

Mis padres *desean* que yo siga la carrera de abogado.
My parents desire that I choose the law as a profession.

PRETENDER
to endeavor, to try [to do something]; to court

¿Qué *pretendes* hacer con esos planes?
What are you trying to do with those plans?

Present	Preterite	Imperfect	Future	Conditional
deseo	deseé	deseaba	desearé	desearía
deseas	deseaste	deseabas	desearás	desearías
desea	deseó	deseaba	deseará	desearía
deseamos	deseamos	deseábamos	desearemos	desearíamos
deseáis	deseasteis	deseabais	desearéis	desearíais
desean	desearon	deseaban	desearán	desearían

Present Subjunctive	Imperfect Subjunctive	Imperative	Present Participle	Past Participle
desee	deseara	desea	deseando	deseado
desees	desearas	desees*		
desee	deseara	desead		
deseemos	deseáramos	deseéis*		
deseéis	desearais	desee		
deseen	desearan	deseen		

Present	Preterite	Imperfect	Future	Conditional
presto	presté	prestaba	prestaré	prestaría
prestas	prestaste	prestabas	prestarás	prestarías
presta	prestó	prestaba	prestará	prestaría
prestamos	prestamos	prestábamos	prestaremos	prestaríamos
prestáis	prestasteis	prestabais	prestaréis	prestaríais
prestan	prestaron	prestaban	prestarán	prestarían

Present Subjunctive	Imperfect Subjunctive	Imperative	Present Participle	Past Participle
preste	prestara	presta	prestando	prestado
prestes	prestaras	prestes*		
preste	prestara	prestad		
prestemos	prestáramos	prestéis*		
prestéis	prestarais	preste		
presten	prestaran	presten		

DESHACER
to undo; to take apart, to break, to untie

Ella *deshizo* el nudo.
She undid the knot.

Present	Preterite	Imperfect	Future	Conditional
deshago	deshice	deshacía	desharé	desharía
deshaces	deshiciste	deshacías	desharás	desharías
deshace	deshizo	deshacía	deshará	desharía
deshacemos	deshicimos	deshacíamos	desharemos	desharíamos
deshacéis	deshicisteis	deshacíais	desharéis	desharíais
deshacen	deshicieron	deshacían	desharán	desharían

Present Subjunctive	Imperfect Subjunctive	Imperative	Present Participle	Past Participle
deshaga	deshiciera		deshaciendo	deshecho
deshagas	deshicieras	deshaz		
deshaga	deshiciera	deshagas*		
deshagamos	deshiciéramos	deshaced		
deshagáis	deshicierais	deshagáis*		
deshagan	deshicieran	deshaga		
		deshagan		

PRESTAR
to lend; to give; to render

Isabel me *prestó* su diccionario.
Elizabeth lent me her dictionary.

Present	Preterite	Imperfect	Future	Conditional
presento	presenté	presentaba	presentaré	presentaría
presentas	presentaste	presentabas	presentarás	presentarías
presenta	presentó	presentaba	presentará	presentaría
presentamos	presentamos	presentábamos	presentaremos	presentaríamos
presentáis	presentasteis	presentabais	presentaréis	presentaríais
presentan	presentaron	presentaban	presentarán	presentarían

Present Subjunctive	Imperfect Subjunctive	Imperative	Present Participle	Past Participle
presente	presentara	presenta	presentando	presentado
presentes	presentaras	presentes*		
presente	presentara	presentad		
presentemos	presentáramos	presentéis*		
presentéis	presentarais	presente		
presenten	presentaran	presenten		

DESMAYAR(SE)
to faint

La víctima del accidente *se desmayó* cuando chocó el coche.
The accident victim fainted when he crashed the car.

PRESENTAR
to present

El alumno *presentó* su proyecto en la clase.
The student presented his project in class.

Present	Preterite	Imperfect	Future	Conditional
desmayo	desmayé	desmayaba	desmayaré	desmayaría
desmayas	desmayaste	desmayabas	desmayarás	desmayarías
desmaya	desmayó	desmayaba	desmayará	desmayaría
desmayamos	desmayamos	desmayábamos	desmayaremos	desmayaríamos
desmayáis	desmayasteis	desmayabais	desmayaréis	desmayaríais
desmayan	desmayaron	desmayaban	desmayarán	desmayarían

Present Subjunctive	Imperfect Subjunctive	Imperative	Present Participle	Past Participle
desmaye	desmayara		desmayando	desmayado
desmayes	desmayaras	desmaya		
desmaye	desmayara	desmayes*		
desmayemos	desmayáramos	desmayad		
desmayéis	desmayarais	desmayéis*		
desmayen	desmayaran	desmaye		
		desmayen		

Present	Preterite	Imperfect	Future	Conditional
preparo	preparé	preparaba	prepararé	prepararía
preparas	preparaste	preparabas	prepararás	prepararías
prepara	preparó	preparaba	preparará	prepararía
preparamos	preparamos	preparábamos	prepararemos	prepararíamos
preparáis	preparasteis	preparabais	prepararéis	prepararíais
preparan	prepararon	preparaban	prepararán	prepararían

Present Subjunctive	Imperfect Subjunctive	Imperative	Present Participle	Past Participle
prepare	preparara		preparando	preparado
prepares	prepararas	prepara		
prepare	preparara	prepares*		
preparemos	preparáramos	preparad		
preparéis	prepararais	preparéis*		
preparen	prepararan	prepare		
		preparen		

DESPACHAR
to send off; to dismiss; to settle; to serve

Voy a despachar su pedido enseguida.
I will send off your order immediately.

PREPARAR
to prepare

El cocinero *preparó* una cena magnífica.
The chef prepared a magnificent dinner.

Present	**Preterite**	**Imperfect**	**Future**	**Conditional**
despacho	despaché	despachaba	despacharé	despacharía
despachas	despachaste	despachabas	despacharás	despacharías
despacha	despachó	despachaba	despachará	despacharía
despachamos	despachamos	despachábamos	despacharemos	despacharíamos
despacháis	despachasteis	despachabais	despacharéis	despacharíais
despachan	despacharon	despachaban	despacharán	despacharían

Present Subjunctive	**Imperfect Subjunctive**	**Imperative**	**Present Participle**	**Past Participle**
despache	despachara	despacha	despachando	despachado
despaches	despacharas	despaches*		
despache	despachara	despachad		
despachemos	despacháramos	despachéis*		
despachéis	despacharais	despache		
despachen	despacharan	despachen		

Present	Preterite	Imperfect	Future	Conditional
preocupo	preocupé	preocupaba	preocuparé	preocuparía
preocupas	preocupaste	preocupabas	preocuparás	preocuparías
preocupa	preocupó	preocupaba	preocupará	preocuparía
preocupamos	preocupamos	preocupábamos	preocuparemos	preocuparíamos
preocupáis	preocupasteis	preocupabais	preocuparéis	preocuparíais
preocupan	preocuparon	preocupaban	preocuparán	preocuparían

Present Subjunctive	Imperfect Subjunctive	Imperative	Present Participle	Past Participle
preocupe	preocupara		preocupando	preocupado
preocupes	preocuparas	preocupa		
preocupe	preocupara	preocupes*		
preocupemos	preocupáramos	preocupad		
preocupéis	preocuparais	preocupéis*		
preocupen	preocuparan	preocupe		
		preocupen		

DESPEDIR(SE)

to bid farewell; to say goodbye

No te despidas hasta que se termine la cena.
Don't say goodbye until the meal is over.

Present	**Preterite**	**Imperfect**	**Future**	**Conditional**
despido	despedí	despedía	despediré	despediría
despides	despediste	despedías	despedirás	despedirías
despide	despidió	despedía	despedirá	despediría
despedimos	despedimos	despedíamos	despediremos	despediríamos
despedís	despedisteis	despedíais	despediréis	despediríais
despiden	despidieron	despedían	despedirán	despedirían

Present Subjunctive	**Imperfect Subjunctive**	**Imperative**	**Present Participle**	**Past Participle**
despida	despidiera		despidiendo	despedido
despidas	despidieras	despide		
despida	despidiera	despidas*		
despidamos	despidiéramos	despedid		
despidáis	despidierais	despidáis*		
despidan	despidieran	despida		
		despidan		

PREOCUPAR(SE)
to worry, to be concerned

Ella *se preocupa* por su familia.
She worries about her family.

DESTACAR
to stand out; to emphasize; to highlight

La actriz se *destaca* en su papel de Dulcinea.
The actress is *outstanding* in her role of Dulcinea.

Present	Preterite	Imperfect	Future	Conditional
pregunto	pregunté	preguntaba	preguntaré	preguntaría
preguntas	preguntaste	preguntabas	preguntarás	preguntarías
pregunta	preguntó	preguntaba	preguntará	preguntaría
preguntamos	preguntamos	preguntábamos	preguntaremos	preguntaríamos
preguntáis	preguntasteis	preguntabais	preguntaréis	preguntaríais
preguntan	preguntaron	preguntaban	preguntarán	preguntarían

Present Subjunctive	Imperfect Subjunctive	Imperative	Present Participle	Past Participle
pregunte	preguntara	pregunta	preguntando	preguntado
preguntes	preguntaras	preguntes*		
pregunte	preguntara	preguntad		
preguntemos	preguntáramos	preguntéis*		
preguntéis	preguntarais	pregunte		
pregunten	preguntaran	pregunten		

Present	Preterite	Imperfect	Future	Conditional
destaco	destaqué	destacaba	destacaré	destacaría
destacas	destacaste	destacabas	destacarás	destacarías
destaca	destacó	destacaba	destacará	destacaría
destacamos	destacamos	destacábamos	destacaremos	destacaríamos
destacáis	destacasteis	destacabais	destacaréis	destacaríais
destacan	destacaron	destacaban	destacarán	destacarían

Present Subjunctive	Imperfect Subjunctive	Imperative	Present Participle	Past Participle
destaque	destacara		destacando	destacado
destaques	destacaras	destaca		
destaque	destacara	destaques*		
destaquemos	destacáramos	destacad		
destaquéis	destacarais	destaquéis*		
destaquen	destacaran	destaque		
		destaquen		

PREGUNTAR
to ask (a question); to ask about

El padre se *pregunta*, "¿Qué hora será?"
The father asks himself, "I wonder what time it is?"

Present	Preterite	Imperfect	Future	Conditional
prefiero	preferí	prefería	preferiré	preferiría
prefieres	preferiste	preferías	preferirás	preferirías
prefiere	prefirió	prefería	preferirá	preferiría
preferimos	preferimos	preferíamos	preferiremos	prefiriríamos
preferís	preferisteis	preferíais	preferiréis	preferiríais
prefieren	prefirieron	preferían	preferirán	preferirían

Present Subjunctive	Imperfect Subjunctive	Imperative	Present Participle	Past Participle
prefiera	prefiriera	prefiere	prefiriendo	preferido
prefieras	prefirieras	prefieras*		
prefiera	prefiriera	preferid		
prefiramos	prefiriéramos	prefiráis*		
prefiráis	prefirierais	prefiera		
prefieran	prefirieran	prefieran		

DESTRUIR
to destroy; to ruin

El ingeniero *destruyó* los edificios mal construidos.
The engineer destroyed the poorly constructed buildings.

Present	Preterite	Imperfect	Future	Conditional
destruyo	destruí	destruía	destruiré	destruiría
destruyes	destruiste	destruías	destruirás	destruirías
destruye	destruyó	destruía	destruirá	destruiría
destruimos	destruimos	destruíamos	destruiremos	destruiríamos
destruís	destruisteis	destruíais	destruiréis	destruiríais
destruyen	destruyeron	destruían	destruirán	destruirían

Present Subjunctive	Imperfect Subjunctive	Imperative	Present Participle	Past Participle
destruya	destruyera	destruye	destruyendo	destruido
destruyas	destruyeras	destruyas*		
destruya	destruyera	destruid		
destruyamos	destruyéramos	destruyáis*		
destruyáis	destruyerais	destruya		
destruyan	destruyeran	destruyan		

PREFERIR
to prefer

Mis amigos *prefieren* que yo los visite el año que viene.
My friends prefer that I visit them next year.

Present	Preterite	Imperfect	Future	Conditional
predigo	predije	predecía	prediciré	prediciría
predices	predijiste	predecías	predicirás	predicirías
predice	predijo	predecía	predicirá	prediciría
predecimos	predijimos	predecíamos	prediciremos	predeciríamos
predecís	predijisteis	predecíais	prediciréis	prediciríais
predicen	predijeron	predecían	predicirán	predicirían

Present Subjunctive	Imperfect Subjunctive	Imperative	Present Participle	Past Participle
prediga	predijera	predice	prediciendo	predicho
predigas	predijeras	predigas*		
prediga	predijera	predecid		
predigamos	predijéramos	predigáis*		
predigáis	predijerais	prediga		
predigan	predijeran	predigan		

DETENER(SE)
to stop; to detain; to stop oneself

Detente en la esquina.
Stop at the corner.

PREDECIR
to predict; to foretell

La mujer *predijo* que la catástrofe ocurriría.
The woman predicted that the catastrophe would occur.

Present	Preterite	Imperfect	Future	Conditional
detengo	detuve	detenía	detendré	detendría
detienes	detuviste	detenías	dentendrás	detendrías
detiene	detuvo	detenía	detendrá	detendría
detenemos	detuvimos	deteníamos	detendremos	detendríamos
detenéis	detuvisteis	deteníais	detendréis	detendríais
detienen	detuvieron	detenían	detendrán	detendrían

Present Subjunctive	Imperfect Subjunctive	Imperative	Present Participle	Past Participle
detenga	detuviera	detén	deteniendo	detenido
detengas	detuvieras	detengas*		
detenga	detuviera	detened		
detengamos	detuviéramos	detengáis*		
detengáis	detuvierais	detenga		
detengan	detuvieran	detengas		

Present	Preterite	Imperfect	Future	Conditional
practico	practiqué	practicaba	practicaré	practicaría
practicas	practicaste	practicabas	practicarás	practicarías
practica	practicó	practicaba	practicará	practicaría
practicamos	practicamos	practicábamos	practicaremos	practicaríamos
practicáis	practicasteis	practicabais	practicaréis	practicaríais
practican	practicaron	practicaban	practicarán	practicarían

Present Subjunctive	Imperfect Subjunctive	Imperative	Present Participle	Past Participle
practique	practicara	practica	practicando	practicado
practiques	practicaras	practiques*		
practique	practicara	practicad		
practiquemos	practicáramos	practiquéis*		
practiquéis	practicarais	practique		
practiquen	practicaran	practiquen		

DEVOLVER
to return, to give back; to send back

El príncipe le *devolvió* la zapatilla de cristal a la Cenicienta.
The prince returned the crystal shoe to Cinderella.

Present	**Preterite**	**Imperfect**	**Future**	**Conditional**
devuelvo	devolví	devolvía	devolveré	devolvería
devuelves	devolviste	devolvías	devolverás	devolverías
devuelve	devolvió	devolvía	devolverá	devolvería
devolvemos	devolvimos	devolvíamos	devolveremos	devolveríamos
devolvéis	devolvisteis	devolvíais	devolveréis	devolveríais
devuelven	devolvieron	devolvían	devolverán	devolverían

Present Subjunctive	**Imperfect Subjunctive**	**Imperative**	**Present Participle**	**Past Participle**
devuelva	devolviera		devolviendo	devuelto
devuelvas	devolvieras	devuelve		
devuelva	devolviera	devuelvas*		
devolvamos	devolviéramos	devolved		
devolváis	devolvierais	devolváis*		
devuelvan	devolvieran	devuelva		
		devuelvan		

PRACTICAR
to practice; to rehearse

Luis *practica* sus lecciones de piano.
Louis practices his piano lessons.

Present	Preterite	Imperfect	Future	Conditional
poseo	poseí	poseía	poseeré	poseería
posees	poseíste	poseías	poseerás	poseerías
posee	poseyó	poseía	poseerá	poseería
poseemos	poseímos	poseíamos	poseeremos	poseeríamos
poseéis	poseísteis	poseíais	poseeréis	poseeríais
poseen	poseyeron	poseían	poseerán	poseerían

Present Subjunctive	Imperfect Subjunctive	Imperative	Present Participle	Past Participle
posea	poseyera	posee	poseyendo	poseído
poseas	poseyeras	poseas*		
posea	poseyera	poseed		
poseamos	poseyéramos	poseáis*		
poseáis	poseyerais	posea		
posean	poseyeran	posean		

DIBUJAR

to draw

La clase de arte *dibuja* todos los días.
The art class draws every day.

Present	**Preterite**	**Imperfect**	**Future**	**Conditional**
dibujo	dibujé	dibujaba	dibujaré	dibujaría
dibujas	dibujaste	dibujabas	dibujarás	dibujarías
dibuja	dibujó	dibujaba	dibujará	dibujaría
dibujamos	dibujamos	dibujábamos	dibujaremos	dibujaríamos
dibujáis	dibujasteis	dibujabais	dibujaréis	dibujaríais
dibujan	dibujaron	dibujaban	dibujarán	dibujarían

Present Subjunctive	**Imperfect Subjunctive**	**Imperative**	**Present Participle**	**Past Participle**
dibuje	dibujara	dibuja	dibujando	dibujado
dibujes	dibujaras	dibujes*		
dibuje	dibujara	dibujad		
dibujemos	dibujáramos	dibujéis*		
dibujéis	dibujarais	dibuje		
dibujen	dibujaran	dibujen		

POSEER
to possess; to own

Yo *poseo* un coche de último modelo.
I own a late model car.

Present	Preterite	Imperfect	Future	Conditional
pongo	puse	ponía	pondré	pondría
pones	pusiste	ponías	pondrás	pondrías
pone	puso	ponía	pondrá	pondría
ponemos	pusimos	poníamos	pondremos	pondríamos
ponéis	pusisteis	poníais	pondréis	pondríais
ponen	pusieron	ponían	pondrán	pondrían

Present Subjunctive	Imperfect Subjunctive	Imperative	Present Participle	Past Participle
ponga	pusiera	pon	poniendo	puesto
pongas	pusieras	pongas*		
ponga	pusiera	poned		
pongamos	pusiéramos	pongáis*		
pongáis	pusierais	ponga		
pongan	pusieran	pongan		

DIRIGIR

to direct; to lead

Uno de los estudiantes *dirigió* el drama de la clase del cuarto año.

One of the students directed the senior class play.

PONER
to put; to place

¿Dónde *pondremos* los libros?
Where will we put the books?

Present	Preterite	Imperfect	Future	Conditional
dirijo	dirigí	dirigía	dirigiré	dirigiría
diriges	dirigiste	dirigías	dirigirás	dirigirías
dirige	dirigió	dirigía	dirigirá	dirigiría
dirigimos	dirigimos	dirigíamos	dirigiremos	dirigiríamos
dirigís	dirigisteis	dirigíais	dirgiréis	dirigiríais
dirigen	dirigieron	dirigían	dirigirán	dirigirían

Present Subjunctive	Imperfect Subjunctive	Imperative	Present Participle	Past Participle
dirija	dirigiera	dirige	dirigiendo	dirigido
dirijas	dirigieras	dirijas*		
dirija	dirigiera	dirigid		
dirijamos	dirigiéramos	dirijáis*		
dirijáis	dirigierais	dirija		
dirijan	dirigieran	dirijan		

Present	Preterite	Imperfect	Future	Conditional
puedo	pude	podía	podré	podría
puedes	pudiste	podías	podrás	podrías
puede	pudo	podía	podrá	podría
podemos	pudimos	podíamos	podremos	podríamos
podéis	pudisteis	podíais	podréis	podríais
pueden	pudieron	podían	podrán	podrían

Present Subjunctive	Imperfect Subjunctive	Imperative	Present Participle	Past Participle
pueda	pudiera	puede	pudiendo	podido
puedas	pudieras	puedas*		
pueda	pudiera	poded		
podamos	pudiéramos	podáis*		
podáis	pudierais	pueda		
puedan	pudieran	puedan		

DISCUTIR

to discuss; to argue

Los representantes *discuten* los cambios que han hecho a la asociación.

The representatives discuss the changes made to the association.

PODER
to be able to; can

¿Quién *puede* arreglar mi ordenador?
Who can fix my computer?

Present	**Preterite**	**Imperfect**	**Future**	**Conditional**
discuto	discutí	discutía	discutiré	discutiría
discutes	discutiste	discutías	discutirás	discutirías
discute	discutió	discutía	discutirá	discutiría
discutimos	discutimos	discutíamos	discutiremos	discutiríamos
discutís	discutisteis	discutíais	discutiréis	discutiríais
discuten	discutieron	discutían	discutirán	discutirían

Present Subjunctive	**Imperfect Subjunctive**	**Imperative**	**Present Participle**	**Past Participle**
discuta	discutiera		discutiendo	discutido
discutas	discutieras	discute		
discuta	discutiera	discutas*		
discutamos	discutiéramos	discutid		
discutáis	discutierais	discutáis*		
discutan	discutieran	discuta		
		discutan		

Present	Preterite	Imperfect	Future	Conditional
platico	platiqué	platicaba	platicaré	platicaría
platicas	platicaste	platicabas	platicarás	platicarías
platica	platicó	platicaba	platicará	platicaría
platicamos	platicamos	platicábamos	platicaremos	platicaríamos
platicáis	platicasteis	platicabais	platicaréis	platicaríais
platican	platicaron	platicaban	platicarán	platicarían

Present Subjunctive	Imperfect Subjunctive	Imperative	Present Participle	Past Participle
platique	platicara	platica	platicando	platicado
platiques	platicaras	platiques*		
platique	platicara	platicad		
platiquemos	platicáramos	platiquéis*		
platiquéis	platicarais	platique		
platiquen	platicaran	platiquen		

DISMINUIR

to diminish, to reduce, to lessen

Su falta de cooperación *disminuye* la importancia de su trabajo.
Her lack of cooperation diminishes the importance of her work.

Present	**Preterite**	**Imperfect**	**Future**	**Conditional**
disminuyo	disminuí	disminuía	disminuiré	disminuiría
disminuyes	disminuiste	disminuías	disminuirás	disminuirías
disminuye	disminuyó	disminuía	disminuirá	disminuiría
disminuimos	disminuimos	disminuíamos	disminuiremos	disminuiríamos
disminuís	disminuisteis	disminuíais	disminuiréis	disminuiríais
disminuyen	disminuyeron	disminuían	disminuirán	disminuirían

Present Subjunctive	**Imperfect Subjunctive**	**Imperative**	**Present Participle**	**Past Participle**
disminuya	disminuyera	disminuye	disminuyendo	disminuido
disminuyas	disminuyeras	disminuyas*		
disminuya	disminuyera	disminuid		
disminuyamos	disminuyéramos	disminuyáis*		
disminuyáis	disminuyerais	disminuya		
disminuyan	disminuyeran	disminuyan		

PLATICAR
to chat; to talk; to tell

Mi madre y mi tía *platican* todas las tardes.
My mother and my aunt chat every afternoon.

DISTINGUIR

to distinguish; to make out [see]; to honor

Ella se *distinguió* por sus méritos escolares.
She distinguished herself because of her scholastic achievements.

Present	Preterite	Imperfect	Future	Conditional
piso	pisé	pisaba	pisaré	pisaría
pisas	pisaste	pisabas	pisarás	pisarías
pisa	pisó	pisaba	pisará	pisaría
pisamos	pisamos	pisábamos	pisaremos	pisaríamos
pisáis	pisasteis	pisabais	pisaréis	pisaríais
pisan	pisaron	pisaban	pisarán	pisarían

Present Subjunctive	Imperfect Subjunctive	Imperative	Present Participle	Past Participle
pise	pisara	pisa	pisando	pisado
pises	pisaras	pises*		
pise	pisara	pisad		
pisemos	pisáramos	piséis*		
piséis	pisarais	pise		
pisen	pisaran	pisen		

Present	Preterite	Imperfect	Future	Conditional
distingo	distinguí	distinguía	distinguiré	distinguiría
distingues	distinguiste	distinguías	distinguirás	distinguirías
distingue	distinguió	distinguía	distinguirá	distinguiría
distinguimos	distinguimos	distinguíamos	distinguiremos	distinguiríamos
distinguís	distinguisteis	distinguíais	distinguiréis	distinguiríais
distinguen	distinguieron	distinguían	distinguirán	distinguirían

Present Subjunctive	Imperfect Subjunctive	Imperative	Present Participle	Past Participle
distinga	distinguiera		distinguiendo	distinguido
distingas	distinguieras	distingue		
distinga	distinguiera	distingas*		
distingamos	distinguiéramos	distinguid		
distingáis	distinguierais	distingáis*		
distingan	distinguieran	distinga		
		distingan		

PISAR
to step on; to tread

Daniel, no le *pises* a María los pies cuando bailes con ella.
Daniel, don't step on Mary's feet when you dance with her.

Present	Preterite	Imperfect	Future	Conditional
pinto	pinté	pintaba	pintaré	pintaría
pintas	pintaste	pintabas	pintarás	pintarías
pinta	pintó	pintaba	pintará	pintaría
pintamos	pintamos	pintábamos	pintaremos	pintaríamos
pintáis	pintasteis	pintabais	pintaréis	pintaríais
pintan	pintaron	pintaban	pintarán	pintarían

Present Subjunctive	Imperfect Subjunctive	Imperative	Present Participle	Past Participle
pinte	pintara	pinta	pintando	pintado
pintes	pintaras	pintes*		
pinte	pintara	pintad		
pintemos	pintáramos	pintéis*		
pintéis	pintarais	pinte		
pinten	pintaran	pinten		

DIVERTIR(SE)
to enjoy oneself, to have a good time

Los amigos *se divierten* mirando la televisión.
The friends enjoy themselves watching television.

Present	**Preterite**	**Imperfect**	**Future**	**Conditional**
divierto	divertí	divertía	divertiré	divertiría
diviertes	divertiste	divertías	divertirás	divertirías
divierte	divirtió	divertía	divertirá	divertiría
divertimos	divertimos	divertíamos	divertiremos	divertiríamos
divertís	divertisteis	divertíais	divertiréis	divertiríais
divierten	divirtieron	divertían	divertirán	divertirían

Present Subjunctive	**Imperfect Subjunctive**	**Imperative**	**Present Participle**	**Past Participle**
divierta	divirtiera	divierte	divirtiendo	divertido
diviertas	divirtieras	diviertas*		
divierta	divirtiera	divertid		
divirtamos	divirtiéramos	divirtáis*		
divirtáis	divirtierais	divierta		
diviertan	divirtieran	diviertan		

PINTAR(SE)
to paint; to draw; to put on makeup

Velázquez *pintó* los cuadros de la familia real.
Velázquez painted the portraits of the royal family.

Present	Preterite	Imperfect	Future	Conditional
pesco	pesqué	pescaba	pescaré	pescaría
pescas	pescaste	pescabas	pescarás	pescarías
pesca	pescó	pescaba	pescará	pescaría
pescamos	pescamos	pescábamos	pescaremos	pescaríamos
pescáis	pescasteis	pescabais	pescaréis	pescaríais
pescan	pescaron	pescaban	pescarán	pescarían

Present Subjunctive	Imperfect Subjunctive	Imperative	Present Participle	Past Participle
pesque	pescara	pesca	pescando	pescado
pesques	pescaras	pesques*		
pesque	pescara	pescad		
pesquemos	pescáramos	pesquéis*		
pesquéis	pescarais	pesque		
pesquen	pescaran	pesquen		

DIVIDIR

to divide; to split; to separate

El profesor *dividió* la clase en dos grupos.
The teacher divided the class into two groups.

Present	Preterite	Imperfect	Future	Conditional
divido	dividí	dividía	dividiré	dividiría
divides	dividiste	dividías	dividirás	dividirías
divide	dividió	dividía	dividirá	dividiría
dividimos	dividimos	dividíamos	dividiremos	dividiríamos
dividís	dividisteis	dividíais	dividiréis	dividiríais
dividen	dividieron	dividían	dividirán	dividirían

Present Subjunctive	Imperfect Subjunctive	Imperative	Present Participle	Past Participle
divida	dividiera	divide	dividiendo	dividido
dividas	dividieras	dividas*		
divida	dividiera	dividid		
dividamos	dividiéramos	dividáis*		
dividáis	dividierais	divida		
dividan	dividieran	dividan		

PESCAR
to fish; to catch

La familia *pescará* durante sus vacaciones.
The family will fish during their vacation.

Present	Preterite	Imperfect	Future	Conditional
peso	pesé	pesaba	pesaré	pesaría
pesas	pesaste	pesabas	pesarás	pesarías
pesa	pesó	pesaba	pesará	pesaría
pesamos	pesamos	pesábamos	pesaremos	pesaríamos
pesáis	pesasteis	pesabais	pesaréis	pesaríais
pesan	pesaron	pesaban	pesarán	pesarían

Present Subjunctive	Imperfect Subjunctive	Imperative	Present Participle	Past Participle
pese	pesara	pesa	pesando	pesado
peses	pesaras	peses*		
pese	pesara	pesad		
pesemos	pesáramos	peséis*		
peséis	pesarais	pese		
pesen	pesaran	pesen		

DOBLAR
to double; to turn; to fold

Los chicos *doblaron* a la derecha en la esquina.
The boys turned right at the corner.

Present	Preterite	Imperfect	Future	Conditional
doblo	doblé	doblaba	doblaré	doblaría
doblas	doblaste	doblabas	doblarás	doblarías
dobla	dobló	doblaba	doblará	doblaría
doblamos	doblamos	doblábamos	doblaremos	doblaríamos
dobláis	doblasteis	doblabais	doblaréis	doblaríais
doblan	doblaron	doblaban	doblarán	doblarían

Present Subjunctive	Imperfect Subjunctive	Imperative	Present Participle	Past Participle
doble	doblara	dobla	doblando	doblado
dobles	doblaras	dobles*		
doble	doblara	doblad		
doblemos	dobláramos	dobléis*		
dobléis	doblarais	doble		
doblen	doblaran	doblen		

PESAR
to weigh; to cause grief

El paquete *pesa* dos kilos.
The package weighs two kilos.

Present	Preterite	Imperfect	Future	Conditional
pertenezco	pertenecí	pertenecía	perteneceré	pertenecería
perteneces	perteneciste	pertenecías	pertenecerás	pertenecerías
pertenence	perteneció	pertenecía	pertenecerá	pertenecería
pertenecemos	pertenecimos	pertenecíamos	perteneceremos	perteneceríamos
pertenecéis	pertenecisteis	pertenecíais	perteneceréis	perteneceríais
pertenecen	pertenecieron	pertenecían	pertenecerán	pertenecerían

Present Subjunctive	Imperfect Subjunctive	Imperative	Present Participle	Past Participle
pertenezca	perteneciera	pertenece	perteneciendo	pertenecido
pertenezcas	pertenecieras	pertenezcas*		
pertenezca	perteneciera	perteneced		
pertenezcamos	perteneciéramos	pertenezcáis*		
pertenezcáis	pertenecierais	pertenezca		
pertenezcan	pertenecieran	pertenezcan		

DORMIR
to sleep

Duermo tarde todos los sábados.
I sleep late every Saturday.

Present	Preterite	Imperfect	Future	Conditional
duermo	dormí	dormía	dormiré	dormiría
duermes	dormiste	dormías	dormirás	dormirías
duerme	durmió	dormía	dormirá	dormiría
dormimos	dormimos	dormíamos	dormiremos	dormiríamos
dormís	dormisteis	dormíais	dormiréis	dormiríais
duermen	durmieron	dormían	dormirán	dormirían

Present Subjunctive	Imperfect Subjunctive	Imperative	Present Participle	Past Participle
duerma	durmiera		durmiendo	dormido
duermas	durmieras	duerme		
duerma	durmiera	duermas*		
durmamos	durmiéramos	dormid		
durmáis	durmierais	durmáis*		
duerman	durmieran	duerma		
		duerman		

PERTENECER
to belong

El libro le *pertenece* al joven.
The book belongs to the young man.

Present	Preterite	Imperfect	Future	Conditional
personifico	personifiqué	personificaba	personificaré	personificaría
personificas	personificaste	personificabas	personificarás	personificarías
personifica	personifcó	personificaba	personificará	personificaría
personificamos	personificamos	personificábamos	personificaremos	personificaríamos
personificáis	personificasteis	personificabais	personificaréis	personificaríais
personifican	personificaron	personificaban	personificarán	personficarían

Present Subjunctive	Imperfect Subjunctive	Imperative	Present Participle	Past Participle
personifique	personficara	personifica	personificando	personificado
personifiques	personificaras	personifiques*		
personifique	personificara	personificad		
personifiquemos	personificáramos	personifiquéis*		
personifiquéis	personificarais	personifique		
personifiquen	personificaran	personifiquen		

DUDAR
to doubt

Julieta *duda* que su padre le compre un coche.
Juliet doubts that her father will buy her a car.

PERSONIFICAR
to personify

El joven *personifica* todo lo que es bueno.
The young man personifies all that is good.

Present	Preterite	Imperfect	Future	Conditional
dudo	dudé	dudaba	dudaré	dudaría
dudas	dudaste	dudabas	dudarás	dudarías
duda	dudó	dudaba	dudará	dudaría
dudamos	dudamos	dudábamos	dudaremos	dudaríamos
dudáis	dudasteis	dudabais	dudaréis	dudaríais
dudan	dudaron	dudaban	dudarán	dudarían

Present Subjunctive	Imperfect Subjunctive	Imperative	Present Participle	Past Participle
dude	dudara		dudando	dudado
dudes	dudaras	duda		
dude	dudara	dudes*		
dudemos	dudáramos	dudad		
dudéis	dudarais	dudéis*		
duden	dudaran	dude		
		duden		

Present	Preterite	Imperfect	Future	Conditional
permito	permití	permitía	permitiré	permitiría
permites	permitiste	permitías	permitirás	permitirías
permite	permitió	permitía	permitirá	permitiría
permitimos	permitimos	permitíamos	permitiremos	permitiríamos
permitís	permitisteis	permitíais	permitiréis	permitiríais
permiten	permitieron	permitían	permitirán	permitirían

Present Subjunctive	Imperfect Subjunctive	Imperative	Present Participle	Past Participle
permita	permitiera		permitiendo	permitido
permitas	permitieras	permite		
permita	permitiera	permitas*		
permitamos	permitiéramos	permitid		
permitáis	permitierais	permitáis*		
permitan	permitieran	permita		
		permitan		

DURAR

to last, to endure; to remain

¿Cuánto tiempo *dura* el drama?
How long does the play last?

PERMITIR

to permit; to allow

El juez *permitió* que el prisionero hablara con su abogado.
The judge permitted the prisoner to speak with his lawyer.

Present	Preterite	Imperfect	Future	Conditional
duro	duré	duraba	duraré	duraría
duras	duraste	durabas	durarás	durarías
dura	duró	duraba	durará	duraría
duramos	duramos	durábamos	duraremos	duraríamos
duráis	durasteis	durabais	duraréis	duraríais
duran	duraron	duraban	durarán	durarían

Present Subjunctive	Imperfect Subjunctive	Imperative	Present Participle	Past Participle
dure	durara	dura	durando	durado
dures	duraras	dures*		
dure	durara	durad		
duremos	duráramos	duréis*		
duréis	durarais	dure		
duren	duraran	duren		

Present	Preterite	Imperfect	Future	Conditional
permanezco	permanecí	permanecía	permaneceré	permanecería
permaneces	permaneciste	permanecías	permanecerás	permanecerías
permanece	permaneció	permanecía	permanecerá	permanecería
permanecemos	permanecimos	permanecíamos	permaneceremos	permaneceríamos
permanecéis	permanecisteis	permanecíais	permaneceréis	permaneceríais
permanecen	permanecieron	permanecían	permanecerán	permanecerían

Present Subjunctive	Imperfect Subjunctive	Imperative	Present Participle	Past Participle
permanezca	permaneciera		permaneciendo	permanecido
permanezcas	permanecieras	permanece		
permanezca	permaneciera	permanezcas*		
permanezcamos	permaneciéramos	permaneced		
permanezcáis	permanecierais	permanezcáis*		
permanezcan	permanecieran	permanezca		
		permanezcan		

ECHAR

to throw out; to pitch; to toss

La niña *echó* los papeles en la basura.
The girl threw the papers in the trash.

PERMANECER

to remain; to stay

Ella *permaneció* en Europa por un mes.
She remained in Europe for a month.

Present	Preterite	Imperfect	Future	Conditional
echo	eché	echaba	echaré	echaría
echas	echaste	echabas	echarás	echarías
echa	echó	echaba	echará	echaría
echamos	echamos	echábamos	echaremos	echaríamos
echáis	echasteis	echabais	echaréis	echaríais
echan	echaron	echaban	echarán	echarían

Present Subjunctive	Imperfect Subjunctive	Imperative	Present Participle	Past Participle
eche	echara	echa	echando	echado
eches	echaras	eches*		
eche	echara	echad		
echemos	echáramos	echéis*		
echéis	echarais	eche		
echen	echaran	echen		

Present	Preterite	Imperfect	Future	Conditional
pierdo	perdí	perdía	perderé	perdería
pierdes	perdiste	perdías	perderás	perderías
pierde	perdió	perdía	perderá	perdería
perdemos	perdimos	perdíamos	perderemos	perderíamos
perdéis	perdisteis	perdíais	perderéis	perderíais
pierden	perdieron	perdían	perderán	perderían

Present Subjunctive	Imperfect Subjunctive	Imperative	Present Participle	Past Participle
pierda	perdiera	pierde	perdiendo	perdido
pierdas	perdieras	pierdas*		
pierda	perdiera	perded		
perdamos	perdiéramos	perdáis*		
perdáis	perdierais	pierda		
pierdan	perdieran	pierdan		

ELABORAR

to manufacture; to produce; to elaborate

La fábrica elabora refrescos.
The factory manufactures (produces) soft drinks.

Present	Preterite	Imperfect	Future	Conditional
elaboro	elaboré	elaboraba	elaboraré	elaboraría
elaboras	elaboraste	elaborabas	elaborarás	elaborarías
elabora	elaboró	elaboraba	elaborará	elaboraría
elaboramos	elaboramos	elaborábamos	elaboraremos	elaboraríamos
elaboráis	elaborasteis	elaborabais	elaboraréis	elaboraríais
elaboran	elaboraron	elaboraban	elaborarán	elaborarían

Present Subjunctive	Imperfect Subjunctive	Imperative	Present Participle	Past Participle
elabore	elaborara		elaborando	elaborado
elabores	elaboraras	elabora		
elabore	elaborara	elabores*		
elaboremos	elaboráramos	elaborad		
elaboréis	elaborarais	elaboréis*		
elaboren	elaboraran	elabore		
		elaboren		

PERDER(SE)
to lose; to miss; to get lost

El abogado *perdió* el juicio.
The lawyer lost the trial.

Present	Preterite	Imperfect	Future	Conditional
pienso	pensé	pensaba	pensaré	pensaría
piensas	pensaste	pensabas	pensarás	pensarías
piensa	pensó	pensaba	pensará	pensaría
pensamos	pensamos	pensábamos	pensaremos	pensaríamos
pensáis	pensasteis	pensabais	pensaréis	pensaríais
piensan	pensaron	pensaban	pensarán	pensarían

Present Subjunctive	Imperfect Subjunctive	Imperative	Present Participle	Past Participle
piense	pensara		pensando	pensado
pienses	pensaras	piensa		
piense	pensara	pienses*		
pensemos	pensáramos	pensad		
penséis	pensarais	penséis*		
piensen	pensaran	piense		
		piensen		

ELEGIR
to elect; to choose; to select

El decano *eligió* al ganador del premio.
The dean selected the prize winner.

Present	Preterite	Imperfect	Future	Conditional
elijo	elegí	elegía	elegiré	elegiría
eliges	elegiste	elegías	elegirás	elegirías
elige	eligió	elegía	elegirá	elegiría
elegimos	elegimos	elegíamos	elegiremos	elegiríamos
elegís	elegisteis	elegíais	elegiréis	elegiríais
eligen	eligieron	elegían	elegirán	elegirían

Present Subjunctive	Imperfect Subjunctive	Imperative	Present Participle	Past Participle
elija	eligiera		eligiendo	elegido
elijas	eligieras	elige		
elija	eligiera	elijas*		
elijamos	eligiéramos	elegid		
elijáis	eligierais	elijáis*		
elijan	eligieran	elija		
		elijan		

PENSAR
to think; to consider

No pensaba que te olvidarías de tus amigos.
I didn't think you would forget your friends.

Present	Preterite	Imperfect	Future	Conditional
peino	peiné	peinaba	peinaré	peinaría
peinas	peinaste	peinabas	peinarás	peinarías
peina	peinó	peinaba	peinará	peinaría
peinamos	peinamos	peinábamos	peinaremos	peinaríamos
peináis	peinasteis	peinabais	peinaréis	peinaríais
peinan	peinaron	peinaban	peinarán	peinarían

Present Subjunctive	Imperfect Subjunctive	Imperative	Present Participle	Past Participle
peine	peinara	peina	peinando	peinado
peines	peinaras	peines*		
peine	peinara	peinad		
peinemos	peináramos	peinéis*		
peinéis	peinarais	peine		
peinen	peinaran	peinen		

EMPEÑAR(SE)

to pawn; to be determined

El pobre hombre *empeñó* su reloj porque necesitaba el dinero.

The poor man pawned his watch because he needed the money.

PEINAR(SE)
to comb [one's hair]

Carlitos *se peinó* antes de salir.
Charles combed himself before going out.

Present	Preterite	Imperfect	Future	Conditional
empeño	empeñé	empeñaba	empeñaré	empeñaría
empeñas	empeñaste	empeñabas	empeñarás	empeñarías
empeña	empeñó	empeñaba	empeñará	empeñaría
empeñamos	empeñamos	empeñábamos	empeñaremos	empeñaríamos
empeñáis	empeñasteis	empeñabais	empeñaréis	empeñaríais
empeñan	empeñaron	empeñaban	empeñarán	empeñarían

Present Subjunctive	Imperfect Subjunctive	Imperative	Present Participle	Past Participle
empeñe	empeñara	empeña	empeñando	empeñado
empeñes	empeñaras	empeñes*		
empeñe	empeñara	empeñad		
empeñemos	empeñáramos	empeñéis*		
empeñéis	empeñarais	empeñe		
empeñen	empeñaran	empeñen		

Present	Preterite	Imperfect	Future	Conditional
pego	pegué	pegaba	pegaré	pegaría
pegas	pegaste	pegabas	pegarás	pegarías
pega	pegó	pegaba	pegará	pegaría
pegamos	pegamos	pegábamos	pegaremos	pegaríamos
pegáis	pegasteis	pegabais	pegaréis	pegaríais
pegan	pegaron	pegaban	pegarán	pegarían

Present Subjunctive	Imperfect Subjunctive	Imperative	Present Participle	Past Participle
pegue	pegara		pegando	pegado
pegues	pegaras	pega		
pegue	pegara	pegues*		
peguemos	pegáramos	pegad		
peguéis	pegarais	peguéis*		
peguen	pegaran	pegue		
		peguen		

EMPEZAR
to begin; to start

Nosotros *empezamos* el viaje en Madrid.
We began our trip in Madrid.

Present	Preterite	Imperfect	Future	Conditional
empiezo	empecé	empezaba	empezaré	empezaría
empiezas	empezaste	empezabas	empezarás	empezarías
empieza	empezó	empezaba	empezará	empezaría
empezamos	empezamos	empezábamos	empezaremos	empezaríamos
empezáis	empezasteis	empezabais	empezaréis	empezaríais
empiezan	empezaron	empezaban	empezarán	empezarían

Present Subjunctive	Imperfect Subjunctive	Imperative	Present Participle	Past Participle
empiece	empezara	empieza	empezando	empezado
empieces	empezaras	empieces*		
empiece	empezara	empezad		
empecemos	empezáramos	empecéis*		
empecéis	empezarais	empiece		
empiecen	empezaran	empiecen		

PEGAR
to strike; to hit; to paste

Nadie le *pega* a los niños en la escuela.
No one strikes the children in school.

Present	Preterite	Imperfect	Future	Conditional
pido	pedí	pedía	pediré	pediría
pides	pediste	pedías	pedirás	pedirías
pide	pidió	pedía	pedirá	pediría
pedimos	pedimos	pedíamos	pediremos	pediríamos
pedís	pedisteis	pedíais	pediréis	pediríais
piden	pidieron	pedían	pedirán	pedirían

Present Subjunctive	Imperfect Subjunctive	Imperative	Present Participle	Past Participle
pida	pidiera	pide	pidiendo	pedido
pidas	pidieras	pidas*		
pida	pidiera	pedid		
pidamos	pidiéramos	pidáis*		
pidáis	pidierais	pida		
pidan	pidieran	pidan		

ENCENDER

to light [a match]; to turn on [a light]

El viajero *encendió* el fuego para calentarse.
The traveler lit the fire to warm himself.

Present	Preterite	Imperfect	Future	Conditional
enciendo	encendí	encendía	encenderé	encendería
enciendes	encendiste	encendías	encenderás	encenderías
enciende	encendió	encendía	encenderá	encendería
encendemos	encendimos	encendíamos	encenderemos	encenderíamos
encendéis	encendisteis	encendíais	encenderéis	encenderíais
encienden	encendieron	encendían	encenderán	encenderían

Present Subjunctive	Imperfect Subjunctive	Imperative	Present Participle	Past Participle
encienda	encendiera		encendiendo	encendido
enciendas	encendieras	enciende		
encienda	encendiera	enciendas*		
encendamos	encendiéramos	encended		
encendáis	encendierais	encendáis*		
enciendan	encendieran	encienda		
		enciendan		

PEDIR
to ask for; to request

Nadie *pidió* café con leche.
No one asked for coffee with milk.

Present	Preterite	Imperfect	Future	Conditional
paseo	paseé	paseaba	pasearé	pasearía
paseas	paseaste	paseabas	pasearás	pasearías
pasea	paseó	paseaba	paseará	pasearía
paseamos	paseamos	paseábamos	pasearemos	pasearíamos
paseáis	paseasteis	paseabais	pasearéis	pasearíais
pasean	pasearon	paseaban	pasearán	pasearían

Present Subjunctive	Imperfect Subjunctive	Imperative	Present Participle	Past Participle
pasee	paseara		paseando	paseado
pasees	pasearas	pasea		
pasee	paseara	pasees*		
paseemos	paseáramos	pasead		
paseéis	pasearais	paseéis*		
paseen	pasearan	pasee		
		paseen		

ENCONTRAR(SE)
to find [oneself]; to encounter

¿Dónde *encontraste* tu vestido nuevo?
Where did you find your new dress?

PASEAR(SE)
to stroll; to walk around

Mis amigos *pasearon* por la ciudad.
My friends strolled through the city.

Present	Preterite	Imperfect	Future	Conditional
encuentro	encontré	encontraba	encontraré	encontraría
encuentras	encontraste	encontrabas	encontrarás	encontrarías
encuentra	encontró	encontraba	encontrará	encontraría
encontramos	encontramos	encontrábamos	encontraremos	encontraríamos
encontráis	encontrasteis	encontrabais	encontraréis	encontraríais
encuentran	encontraron	encontraban	encontrarán	encontrarían

Present Subjunctive	Imperfect Subjunctive	Imperative	Present Participle	Past Participle
encuentre	encontrara		encontrando	encontrado
encuentres	encontraras	encuentra		
encuentre	encontrara	encuentres*		
encontremos	encontráramos	encontrad		
encontréis	encontrarais	encontréis*		
encuentren	encontraran	encuentre		
		encuentren		

ENFADAR(SE)

to anger; to get angry

María se enfada cuando tiene mucha tarea.
María gets angry when she has a lot of homework.

Present	Preterite	Imperfect	Future	Conditional
paso	pasé	pasaba	pasaré	pasaría
pasas	pasaste	pasabas	pasarás	pasarías
pasa	pasó	pasaba	pasará	pasaría
pasamos	pasamos	pasábamos	pasaremos	pasaríamos
pasáis	pasasteis	pasabais	pasaréis	pasaríais
pasan	pasaron	pasaban	pasarán	pasarían

Present Subjunctive	Imperfect Subjunctive	Imperative	Present Participle	Past Participle
pase	pasara	pasa	pasando	pasado
pases	pasaras	pases*		
pase	pasara	pasad		
pasemos	pasáramos	paséis*		
paséis	pasarais	pase		
pasen	pasaran	pasen		

Present	**Preterite**	**Imperfect**	**Future**	**Conditional**
enfado	enfadé	enfadaba	enfadaré	enfadaría
enfadas	enfadaste	enfadabas	enfadarás	enfadarías
enfada	enfadó	enfadaba	enfadará	enfadaría
enfadamos	enfadamos	enfadábamos	enfadaremos	enfadaríamos
enfadáis	enfadasteis	enfadabais	enfadaréis	enfadaríais
enfadan	enfadaron	enfadaban	enfadarán	enfadarían

Present Subjunctive	**Imperfect Subjunctive**	**Imperative**	**Present Participle**	**Past Participle**
enfade	enfadara	enfada	enfadando	enfadado
enfades	enfadaras	enfades*		
enfade	enfadara	enfadad		
enfademos	enfadáramos	enfadéis*		
enfadéis	enfadarais	enfade		
enfaden	enfadaran	enfaden		

PASAR

to pass; to spend (time)

Los músicos *pasaron* por la calle.
The musicians passed through the street.

Present	Preterite	Imperfect	Future	Conditional
parto	partí	partía	partiré	partiría
partes	partiste	partías	partirás	partirías
parte	partió	partía	partirá	partiría
partimos	partimos	partíamos	partiremos	partiríamos
partís	partisteis	partíais	partiréis	partiríais
parten	partieron	partían	partirán	partirían

Present Subjunctive	Imperfect Subjunctive	Imperative	Present Participle	Past Participle
parta	partiera	parte	partiendo	partido
partas	partieras	partas*		
parta	partiera	partid		
partamos	partiéramos	partáis*		
partáis	partierais	parta		
partan	partieran	partan		

ENFERMAR(SE)
to become ill, to get sick

Mi hermano *se enfermó* cuando visitó a sus amigos.
My brother became ill when he visited his friends.

Present	Preterite	Imperfect	Future	Conditional
enfermo	enfermé	enfermaba	enfermaré	enfermaría
enfermas	enfermaste	enfermabas	enfermarás	enfermarías
enferma	enfermó	enfermaba	enfermará	enfermaría
enfermamos	enfermamos	enfermábamos	enfermaremos	enfermaríamos
enfermáis	enfermasteis	enfermabais	enfermaréis	enfermaríais
enferman	enfermaron	enfermaban	enfermarán	enfermarían

Present Subjunctive	Imperfect Subjunctive	Imperative	Present Participle	Past Participle
enferme	enfermara	enferma	enfermando	enfermado
enfermes	enfermaras	enfermes*		
enferme	enfermara	enfermad		
enfermemos	enfermáramos	enferméis*		
enferméis	enfermarais	enferme		
enfermen	enfermaran	enfermen		

PARTIR
to leave, to depart; to divide

Mañana *partimos* para Francia.
Tomorrow we leave for France.

Present	Preterite	Imperfect	Future	Conditional
parezco	parecí	parecía	pareceré	parecería
pareces	pareciste	parecías	parecerás	parecerías
parece	pareció	parecía	parecerá	parecería
parecemos	parecimos	parecíamos	pareceremos	pareceríamos
parecéis	parecisteis	parecíais	pareceréis	pareceríais
parecen	parecieron	parecían	parecerán	parecerían

Present Subjunctive	Imperfect Subjunctive	Imperative	Present Participle	Past Participle
parezca	pareciera	parece	pareciendo	parecido
parezcas	parecieras	parezcas*		
parezca	pareciera	pareced		
parezcamos	pareciéramos	parezcáis*		
parezcáis	parecierais	parezca		
parezcan	parecieran	parezcan		

ENFOCAR(SE)
to focus

Yo *me enfoco* en mis deberes diarios.
I focus on my daily chores.

Present	**Preterite**	**Imperfect**	**Future**	**Conditional**
enfoco	enfoqué	enfocaba	enfocaré	enfocaría
enfocas	enfocaste	enfocabas	enfocarás	enfocarías
enfoca	enfocó	enfocaba	enfocará	enfocaría
enfocamos	enfocamos	enfocábamos	enfocaremos	enfocaríamos
enfocáis	enfocasteis	enfocabais	enfocaréis	enfocaríais
enfocan	enfocaron	enfocaban	enfocarán	enfocarían

Present Subjunctive	**Imperfect Subjunctive**	**Imperative**	**Present Participle**	**Past Participle**
enfoque	enfocara	enfoca	enfocando	enfocado
enfoques	enfocaras	enfoques*		
enfoque	enfocara	enfocad		
enfoquemos	enfocáramos	enfoquéis*		
enfoquéis	enfocarais	enfoque		
enfoquen	enfocaran	enfoquen		

PARECER(SE)
to resemble; to seem

Me parece que hoy lloverá.
It seems to me that it will rain today.

ENFRIAR
to cool, to chill

La madre *enfría* la sopa antes de darle de comer al bebé.
The mother cools the soup before feeding the baby.

Present	Preterite	Imperfect	Future	Conditional
paro	paré	paraba	pararé	pararía
paras	paraste	parabas	pararás	pararías
para	paró	paraba	parará	pararía
paramos	paramos	parábamos	pararemos	pararíamos
paráis	parasteis	parabais	pararéis	pararíais
paran	pararon	paraban	pararán	pararían

Present Subjunctive	Imperfect Subjunctive	Imperative	Present Participle	Past Participle
pare	parara	para	parando	parado
pares	pararas	pares*		
pare	parara	parad		
paremos	paráramos	paréis*		
paréis	pararais	pare		
paren	pararan	paren		

Present	**Preterite**	**Imperfect**	**Future**	**Conditional**
enfrío	enfrié	enfriaba	enfriaré	enfriaría
enfrías	enfriaste	enfriabas	enfriarás	enfriarías
enfría	enfrió	enfriaba	enfriará	enfriaría
enfriamos	enfriamos	enfriábamos	enfriaremos	enfriaríamos
enfriáis	enfriasteis	enfriabais	enfriaréis	enfriaríais
enfrían	enfriaron	enfriaban	enfriarás	enfriarían

Present Subjunctive	**Imperfect Subjunctive**	**Imperative**	**Present Participle**	**Past Participle**
enfríe	enfriara	enfría	enfriando	enfriado
enfríes	enfriaras	enfríes*		
enfríe	enfriara	enfriad		
enfriemos	enfriáramos	enfriéis*		
enfriéis	enfriarais	enfríe		
enfríen	enfriaran	enfríen		

PARAR(SE)
to stop; to stand up

El avión *paró* en Dallas.
The plane stopped in Dallas.

ENJUGAR
to rinse [off]

El cocinero *enjuaga* las verduras antes de cocinarlas.
The chef rinses the vegetables before cooking them.

Present	Preterite	Imperfect	Future	Conditional
pago	pagué	pagaba	pagaré	pagaría
pagas	pagaste	pagabas	pagarás	pagarías
paga	pagó	pagaba	pagará	pagaría
pagamos	pagamos	pagábamos	pagaremos	pagaríamos
pagáis	pagasteis	pagabais	pagaréis	pagaríais
pagan	pagaron	pagaban	pagarán	pagarían

Present Subjunctive	Imperfect Subjunctive	Imperative	Present Participle	Past Participle
pague	pagara	paga	pagando	pagado
pagues	pagaras	pagues*		
pague	pagara	pagad		
paguemos	pagáramos	paguéis*		
paguéis	pagarais	pague		
paguen	pagaran	paguen		

Present	**Preterite**	**Imperfect**	**Future**	**Conditional**
enjuago	enjuagué	enjuagaba	enjuagaré	enjuagaría
enjuagas	enjuagaste	enjuagabas	enjuagarás	enjuagarías
enjuaga	enjuagó	enjuagaba	enjuagará	enjuagaría
enjuagamos	enjuagamos	enjuagábamos	enjuagaremos	enjuagaríamos
enjuagáis	enjuagasteis	enjuagabais	enjuagaréis	enjuagaríais
enjuagan	enjuagaron	enjuagaban	enjuagarán	enjuagarían

Present Subjunctive	**Imperfect Subjunctive**	**Imperative**	**Present Participle**	**Past Participle**
enjuague	enjuagara	enjuaga	enjuagando	enjuagado
enjuagues	enjuagaras	enjuagues*		
enjuague	enjuagara	enjuagad		
enjuaguemos	enjuagáramos	enjuaguéis*		
enjuaguéis	enjuagarais	enjuague		
enjuaguen	enjuagaran	enjuaguen		

PAGAR
to pay

¿Quién *pagó* por las entradas?
Who paid for the tickets?

Present	Preterite	Imperfect	Future	Conditional
padezco	padecí	padecía	padeceré	padecería
padeces	padeciste	padecías	padecerás	padecerías
padece	padeció	padecía	padecerá	padecería
padecemos	padecimos	padecíamos	padeceremos	padeceríamos
padecéis	padecisteis	padecíais	padeceréis	padeceríais
padecen	padecieron	padecían	padecerán	padecerían

Present Subjunctive	Imperfect Subjunctive	Imperative	Present Participle	Past Participle
padezca	padeciera	padece	padeciendo	padecido
padezcas	padecieras	padezcas*		
padezca	padeciera	padeced		
padezcamos	padeciéramos	padezcáis*		
padezcáis	padecierais	padezca		
padezcan	padecieran	padezcan		

ENOJAR(SE)
to get angry

Me enojo cuando no tengo tiempo para mis actividades.

I get angry when I don't have time for my activities.

Present	**Preterite**	**Imperfect**	**Future**	**Conditional**
enojo	enojé	enojaba	enojaré	enojaría
enojas	enojaste	enojabas	enojarás	enojarías
enoja	enojó	enojaba	enojará	enojaría
enojamos	enojamos	enojábamos	enojaremos	enojaríamos
enojáis	enojasteis	enojabais	enojaréis	enojaríais
enojan	enojaron	enojaban	enojarán	enojarían

Present Subjunctive	**Imperfect Subjunctive**	**Imperative**	**Present Participle**	**Past Participle**
enoje	enojara	enoja	enojando	enojado
enojes	enojaras	enojes*		
enoje	enojara	enojad		
enojemos	enojáramos	enojéis*		
enojéis	enojarais	enoje		
enojen	enojaran	enojen		

PADECER
to suffer; to endure

Mario *padece* de problemas de la salud.
Mario suffers health problems.

Present	Preterite	Imperfect	Future	Conditional
otorgo	otorgué	otorgaba	otorgaré	otorgaría
otorgas	otorgaste	otorgabas	otorgarás	otorgarías
otorga	otorgó	otorgaba	otorgará	otorgaría
otorgamos	otorgamos	otorgábamos	otorgaremos	otorgaríamos
otorgáis	otorgasteis	otorgabais	otorgaréis	otorgaríais
otorgan	otorgaron	otorgaban	otorgarán	otorgarían

Present Subjunctive	Imperfect Subjunctive	Imperative	Present Participle	Past Participle
otorgue	otorgara	otorga	otorgando	otorgado
otorgues	otorgaras	otorgues*		
otorgue	otorgara	otorgad		
otorguemos	otorgáramos	otorguéis*		
otorguéis	otorgarais	otorgue		
otorguen	otorgaran	otorguen		

ENSEÑAR
to teach; to show, to demonstrate

¿Quién *enseña* francés en tu escuela?
Who teaches French in your school?

Present	Preterite	Imperfect	Future	Conditional
enseño	enseñé	enseñaba	enseñaré	enseñaría
enseñas	enseñaste	enseñabas	enseñarás	enseñarías
enseña	enseñó	enseñaba	enseñará	enseñaría
enseñamos	enseñamos	enseñábamos	enseñaremos	enseñaríamos
enseñáis	enseñasteis	enseñabais	enseñaréis	enseñaríais
enseñan	enseñaron	enseñaban	enseñarán	enseñarían

Present Subjunctive	Imperfect Subjunctive	Imperative	Present Participle	Past Participle
enseñe	enseñara	enseña	enseñando	enseñado
enseñes	enseñaras	enseñes*		
enseñe	enseñara	enseñad		
enseñemos	enseñáramos	enseñéis*		
enseñéis	enseñarais	enseñe		
enseñen	enseñaran	enseñen		

OTORGAR
to grant; to award; to bestow

El presidente *otorgó* la medalla de combate a los veteranos.
The president awarded the combat medal to the veterans.

Present	Preterite	Imperfect	Future	Conditional
organizo	organicé	organizaba	organizaré	organizaría
organizas	organizaste	organizabas	organizarás	organizarías
organiza	organizó	organizaba	organizará	organizaría
organizamos	organizamos	organizábamos	organizaremos	organizaríamos
organizáis	organizasteis	organizabais	organizaréis	organizaríais
organizan	organizaron	organizaban	organizarán	organizarían

Present Subjunctive	Imperfect Subjunctive	Imperative	Present Participle	Past Participle
organice	organizara	organiza	organizando	organizado
organices	organizaras	organices*		
organice	organizara	organizad		
organicemos	organizáramos	organicéis*		
organicéis	organizarais	organice		
organicen	organizaran	organicen		

Martha does not understand what she has to do.
Marta no entiende lo que debe hacer.

to understand, to comprehend

ENTENDER

ORGANIZAR
to organize

Yo *organizaría* la fiesta si tuviera tiempo.
I would organize the party if I had time.

Present	Preterite	Imperfect	Future	Conditional
entiendo	entendí	entendía	entenderé	entendería
entiendes	entendiste	entendías	entenderás	entenderías
entiende	entendió	entendía	entenderá	entendería
entendemos	entendimos	entendíamos	entenderemos	entenderíamos
entendéis	entendisteis	entendíais	entenderéis	entenderíais
entienden	entendieron	entendían	entenderán	entenderían

Present Subjunctive	Imperfect Subjunctive	Imperative	Present Participle	Past Participle
entienda	entendiera	entiende	entendiendo	entendido
entiendas	entendieras	entiendas*		
entienda	entendiera	entended		
entendamos	entendiéramos	entendáis*		
entendáis	entendierais	entienda		
entiendan	entendieran	entiendan		

Present
ordeno
ordenas
ordena
ordenamos
ordenáis
ordenan

Preterite
ordené
ordenaste
ordenó
ordenamos
ordenasteis
ordenaron

Imperfect
ordenaba
ordenabas
ordenaba
ordenábamos
ordenabais
ordenaban

Future
ordenaré
ordenarás
ordenará
ordenaremos
ordenaréis
ordenarán

Conditional
ordenaría
ordenarías
ordenaría
ordenaríamos
ordenaríais
ordenarían

Present Subjunctive
ordene
ordenes
ordene
ordenemos
ordenéis
ordenen

Imperfect Subjunctive
ordenara
ordenaras
ordenara
ordenáramos
ordenarais
ordenaran

Imperative
ordena
ordenes*
ordenad
ordenéis*
ordene
ordenen

Present Participle
ordenando

Past Participle
ordenado

ENTREGAR
to deliver; to turn in

Julio siempre *entregaba* su tarea a tiempo.
Julius always turned in his homework on time.

Present	**Preterite**	**Imperfect**	**Future**	**Conditional**
entrego	entregué	entregaba	entregaré	entregaría
entregas	entregaste	entregabas	entregarás	entregarías
entrega	entregó	entregaba	entregará	entregaría
entregamos	entregamos	entregábamos	entregaremos	entregaríamos
entregáis	entregasteis	entregabais	entregaréis	entregaríais
entregan	entregaron	entregaban	entregarán	entregarían

Present Subjunctive	**Imperfect Subjunctive**	**Imperative**	**Present Participle**	**Past Participle**
entregue	entregara		entregando	entregado
entregues	entregaras	entrega		
entregue	entregara	entregues*		
entreguemos	entregáramos	entregad		
entreguéis	entregarais	entreguéis*		
entreguen	entregaran	entregue		
		entreguen		

ORDENAR

to order; to arrange; to put in order

El general *ordenó* que sus tropas atacaran al enemigo.
The general ordered his troops to attack the enemy.

Present	Preterite	Imperfect	Future	Conditional
opongo	opuse	oponía	opondré	opondría
opones	opusiste	oponías	opondrás	opondrías
opone	opuso	oponía	opondrá	opondría
oponemos	opusimos	oponíamos	opondremos	opondríamos
oponéis	opusisteis	oponíais	opondréis	opondríais
oponen	opusieron	oponían	opondrán	opondrían

Present Subjunctive	Imperfect Subjunctive	Imperative	Present Participle	Past Participle
oponga	opusiera	opón	oponiendo	opuesto
opongas	opusieras	opongas*		
oponga	opusiera	oponed		
opongamos	opusiéramos	opongáis*		
onpongáis	opusierais	oponga		
opongan	opusieran	opongan		

ENVIAR

to send; to remit

La señora *envía* el paquete por correo.
The lady sends the package by mail.

Present	Preterite	Imperfect	Future	Conditional
envío	envié	enviaba	enviaré	enviaría
envías	enviaste	enviabas	enviarás	enviarías
envía	envió	enviaba	enviará	enviaría
enviamos	enviamos	enviábamos	enviaremos	enviaríamos
enviáis	enviasteis	enviabais	enviaréis	enviaríais
envían	enviaron	enviaban	enviarán	enviarían

Present Subjunctive	Imperfect Subjunctive	Imperative	Present Participle	Past Participle
envíe	enviara	envía	enviando	enviado
envíes	enviaras	envíes*		
envíe	enviara	enviad		
enviemos	enviáramos	enviéis*		
enviéis	enviarais	envíe		
envíen	enviaran	envíen		

OPONER(SE)
to be against; to oppose; to object to

Nos oponemos a la decisión del comité.
We oppose the committee's decision.

EQUIVOCAR(SE)
to mistake, to be mistaken

Mis padres nunca *se equivocan* cuando me dan consejos.
My parents are never mistaken when they give me advice.

Present	Preterite	Imperfect	Future	Conditional
olvido	olvidé	olvidaba	olvidaré	olvidaría
olvidas	olvidaste	olvidabas	olvidarás	olvidarías
olvida	olvidó	olvidaba	olvidará	olvidaría
olvidamos	olvidamos	olvidábamos	olvidaremos	olvidaríamos
olvidáis	olvidasteis	olvidabais	olvidaréis	olvidaríais
olvidan	olvidaron	olvidaban	olvidarán	olvidarían

Present Subjunctive	Imperfect Subjunctive	Imperative	Present Participle	Past Participle
olvide	olvidara	olvida	olvidando	olvidado
olvides	olvidaras	olvides*		
olvide	olvidara	olvidad		
olvidemos	olvidáramos	olvidéis*		
olvidéis	olvidarais	olvide		
olviden	olvidaran	olviden		

OLVIDAR(SE)
to forget

Olvidé mi portafolio en casa.
I forgot my briefcase at home.

Present	Preterite	Imperfect	Future	Conditional
equivoco	equivoqué	equivocaba	equivocaré	equivocaría
equivocas	equivocaste	equivocabas	equivocarás	equivocarías
equivoca	equivocó	equivocaba	equivocará	equivocaría
equivocamos	equivocamos	equivocábamos	equivocaremos	equivocaríamos
equivocáis	equivocasteis	equivocabais	equivocaréis	equivocaríais
equivocan	equivocaron	equivocaban	equivocarán	equivocarían

Present Subjunctive	Imperfect Subjunctive	Imperative	Present Participle	Past Participle
equivoque	equivocara	equivoca	equivocando	equivocado
equivoques	equivocaras	equivoques*		
equivoque	equivocara	equivocad		
equivoquemos	equivocáramos	equivoquéis*		
equivoquéis	equivocarais	equivoque		
equivoquen	equivocaran	equivoquen		

Present	Preterite	Imperfect	Future	Conditional
huelo	olí	olía	oleré	olería
hueles	oliste	olías	olerás	olerías
huele	olió	olía	olerá	olería
olemos	olimos	olíamos	oleremos	oleríamos
oléis	olisteis	olíais	oleréis	oleríais
huelen	olieron	olían	olerán	olerían

Present Subjunctive	Imperfect Subjunctive	Imperative	Present Participle	Past Participle
huela	oliera		oliendo	olido
huelas	olieras	huele		
huela	oliera	huelas*		
olamos	oliéramos	oled		
oláis	olierais	oláis*		
huelan	olieran	huela		
		huelan		

ESCOGER
to choose; to select

El que *escoja* esta camisa, obtendrá una ganga.
He who chooses this shirt will get a bargain.

Present	Preterite	Imperfect	Future	Conditional
escojo	escogí	escogía	escogeré	escogería
escoges	escogiste	escogías	escogerás	escogerías
escoge	escogió	escogía	escogerá	escogería
escogemos	escogimos	escogíamos	escogeremos	escogeríamos
escogéis	escogisteis	escogíais	escogeréis	escogeríais
escogen	escogieron	escogían	escogerán	escogerían

Present Subjunctive	Imperfect Subjunctive	Imperative	Present Participle	Past Participle
escoja	escogiera	escoge	escogiendo	escogido
escojas	escogieras	escojas*		
escoja	escogiera	escoged		
escojamos	escogiéramos	escojáis*		
escojáis	escogierais	escoja		
escojan	escogieran	escojan		

OLER
to smell

Me gusta como huelen las flores.
I like the way the flowers smell.

Present	Preterite	Imperfect	Future	Conditional
oigo	oí	oía	oiré	oiría
oyes	oíste	oías	oirás	oirías
oye	oyó	oía	oirá	oiría
oímos	oímos	oíamos	oiremos	oiríamos
oís	oísteis	oíais	oiréis	oiríais
oyen	oyeron	oían	oirán	oirían

Present Subjunctive	Imperfect Subjunctive	Imperative	Present Participle	Past Participle
oiga	oyera	oye	oyendo	oído
oigas	oyeras	oigas*		
oiga	oyera	oíd		
oigamos	oyéramos	oigáis*		
oigáis	oyerais	oiga		
oigan	oyeran	oigan		

ESCRIBIR
to write

Juana le *escribe* cartas a sus amigos.
Jane writes letters to her friends.

Present	**Preterite**	**Imperfect**	**Future**	**Conditional**
escribo	escribí	escribía	escribiré	escribiría
escribes	escribiste	escribías	escribirás	escribirías
escribe	escribió	escribía	escribirá	escribiría
escribimos	escribimos	escribíamos	escribiremos	escribiríamos
escribís	escribisteis	escribíais	escribiréis	escribiríais
escriben	escribieron	escribían	escribirán	escribirían

Present Subjunctive	**Imperfect Subjunctive**	**Imperative**	**Present Participle**	**Past Participle**
escriba	escribiera	escribe	escribiendo	escrito
escribas	escribieras	escribas*		
escriba	escribiera	escribid		
escribamos	escribiéramos	escribáis*		
escribáis	escribierais	escriba		
escriban	escribieran	escriban		

OÍR
to hear; to listen to

¿No *oyes* ladrar a los perros?
Don't you hear the dogs barking?

Present	Preterite	Imperfect	Future	Conditional
ofrezco	ofrecí	ofrecía	ofreceré	ofrecería
ofreces	ofreciste	ofrecías	ofrecerás	ofrecerías
ofrece	ofreció	ofrecía	ofrecerá	ofrecería
ofrecemos	ofrecimos	ofrecíamos	ofreceremos	ofreceríamos
ofrecéis	ofrecisteis	ofrecíais	ofreceréis	ofreceríais
ofrecen	ofrecieron	ofrecían	ofrecerán	ofrecerían

Present Subjunctive	Imperfect Subjunctive	Imperative	Present Participle	Past Participle
ofrezca	ofreciera	ofrece	ofreciendo	ofrecido
ofrezcas	ofrecieras	ofrezcas*		
ofrezca	ofreciera	ofreced		
ofrezcamos	ofreciéramos	ofrezcáis*		
ofrezcáis	ofrecierais	ofrezca		
ofrezcan	ofrecieran	ofrezcan		

ESCUCHAR

to listen; to hear

Escuchad al profesor si deseáis aprobar esta clase.
Listen to the teacher if you want to pass this class.

Present	Preterite	Imperfect	Future	Conditional
escucho	escuché	escuchaba	escucharé	escucharía
escuchas	escuchaste	escuchabas	escucharás	escucharías
escucha	escuchó	escuchaba	escuchará	escucharía
escuchamos	escuchamos	escuchábamos	escucharemos	escucharíamos
escucháis	escuchasteis	escuchabais	escucharéis	escucharíais
escuchan	escucharon	escuchaban	escucharán	escucharían

Present Subjunctive	Imperfect Subjunctive	Imperative	Present Participle	Past Participle
escuche	escuchara	escucha	escuchando	escuchado
escuches	escucharas	escuches*		
escuche	escuchara	escuchad		
escuchemos	escucháramos	escuchéis*		
escuchéis	escucharais	escuche		
escuchen	escucharan	escuchen		

OFRECER
to offer

La azafata le *ofreció* bebidas a los pasajeros.
The stewardess offered the passengers drinks.

Present	Preterite	Imperfect	Future	Conditional
odio	odié	odiaba	odiaré	odiaría
odias	odiaste	odiabas	odiarás	odiarías
odia	odió	odiaba	odiará	odiaría
odiamos	odiamos	odiábamos	odiaremos	odiaríamos
odiáis	odiasteis	odiabais	odiaréis	odiaríais
odian	odiaron	odiaban	odiarán	odiarían

Present Subjunctive	Imperfect Subjunctive	Imperative	Present Participle	Past Participle
odie	odiara		odiando	odiado
odies	odiaras	odia		
odie	odiara	odies*		
odiemos	odiáramos	odiad		
odiéis	odiarais	odiéis*		
odien	odiaran	odie		
		odien		

ESPERAR

to hope; to await

Elena *esperaba* que Roberto la llamara.

Helen hoped that Robert would call her.

ODIAR
to hate; to detest

Algunos chicos *odian* levantarse temprano.
Some young people hate getting up early.

Present	Preterite	Imperfect	Future	Conditional
espero	esperé	esperaba	esperaré	esperaría
esperas	esperaste	esperabas	esperarás	esperarías
espera	esperó	esperaba	esperará	esperaría
esperamos	esperamos	esperábamos	esperaremos	esperaríamos
esperáis	esperasteis	esperabais	esperaréis	esperaríais
esperan	esperaron	esperaban	esperarán	esperarían

Present Subjunctive	Imperfect Subjunctive	Imperative	Present Participle	Past Participle
espere	esperara		esperando	esperado
esperes	esperaras	espera		
espere	esperara	esperes*		
esperemos	esperáramos	esperad		
esperéis	esperarais	esperéis*		
esperen	esperaran	espere		
		esperen		

Present	Preterite	Imperfect	Future	Conditional
ocasiono	ocasioné	ocasionaba	ocasionaré	ocasionaría
ocasionas	ocasionaste	ocasionabas	ocasionarás	ocasionarías
ocasiona	ocasionó	ocasionaba	ocasionará	ocasionaría
ocasionamos	ocasionamos	ocasionábamos	ocasionaremos	ocasionaríamos
ocasionáis	ocasionasteis	ocasionabais	ocasionaréis	ocasionaríais
ocasionan	ocasionaron	ocasionaban	ocasionarán	ocasionarían

Present Subjunctive	Imperfect Subjunctive	Imperative	Present Participle	Past Participle
ocasione	ocasionara	ocasiona	ocasionando	ocasionado
ocasiones	ocasionaras	ocasiones*		
ocasione	ocasionara	ocasionad		
ocasionemos	ocasionáramos	ocasionéis*		
ocasionéis	ocasionarais	ocasione		
ocasionen	ocasionaran	ocasionen		

ESTAR
to be

Ojalá que no *estés* enferma hoy.
I hope that you are not sick today.

OCASIONAR
to cause; to provoke; to endanger

Su falta de concentración *ocasionó* el accidente.
His lack of concentration caused the accident.

Present	Preterite	Imperfect	Future	Conditional
estoy	estuve	estaba	estaré	estaría
estás	estuviste	estabas	estarás	esatarías
está	estuvo	estaba	estará	estaría
estamos	estuvimos	estábamos	estaremos	estaríamos
estáis	estuvisteis	estabais	estaréis	estaríais
están	estuvieron	estaban	estarán	estarían

Present Subjunctive	Imperfect Subjunctive	Imperative	Present Participle	Past Participle
esté	estuviera	está	estando	estado
estés	estuvieras	estés*		
esté	estuviera	estad		
estemos	estuviéramos	estéis*		
estéis	estuvierais	esté		
estén	estuvieran	estén		

Present	Preterite	Imperfect	Future	Conditional
obtengo	obtuve	obtenía	obtendré	obtendría
obtienes	obtuviste	obtenías	obtendrás	obtendrías
obtiene	obtuvo	obtenía	obtendrá	obtendría
obtenemos	obtuvimos	obteníamos	obtendremos	obtendríamos
obtenéis	obtuvisteis	obteníais	obtendréis	obtendríais
obtienen	obtuvieron	obtenían	obtendrán	obtendrían

Present Subjunctive	Imperfect Subjunctive	Imperative	Present Participle	Past Participle
obtenga	obtuviera		obteniendo	obtenido
obtengas	obtuvieras	obtén		
obtenga	obtuviera	obtengas*		
obtengamos	obtuviéramos	obtened		
obtengáis	obtuvierais	obtengáis*		
obtengan	obtuvieran	obtenga		
		obtengan		

EVOLUCIONAR

to evolve; to develop

El argumento de la novela *evoluciona* muy despacio.
The plot of the novel develops very slowly.

Present	Preterite	Imperfect	Future	Conditional
evoluciono	evolucioné	evolucionaba	evolucionaré	evolucionaría
evolucionas	evolucionaste	evolucionabas	evolucionarás	evolucionarías
evoluciona	evolucionó	evolucionaba	evolucionará	evolucionaría
evolucionamos	evolucionamos	evolucionábamos	evolucionaremos	evolucionaríamos
evolucionáis	evolucionasteis	evolucionabais	evolucionaréis	evolucionaríais
evolucionan	evolucionaron	evolucionaban	evolucionarán	evolucionarían

Present Subjunctive	Imperfect Subjunctive	Imperative	Present Participle	Past Participle
evolucione	evolucionara		evolucionando	evolucionado
evoluciones	evolucionaras	evoluciona		
evolucione	evolucionara	evoluciones*		
evolucionemos	evolucionáramos	evolucionad		
evolucionéis	evolucionarais	evolucionéis*		
evolucionen	evolucionaran	evolucione		
		evolucionen		

OBTENER
to obtain; to get

Cuando *obtenga* tu pago, te lo enviaré.
When I get your payment, I will send it to you.

EXIGIR

to demand; to require; to urge

El juez *exige* que el testigo diga la verdad.
The judge demands that the witness tell the truth.

Present	Preterite	Imperfect	Future	Conditional
observo	observé	observaba	observaré	observaría
observas	observaste	observabas	observarás	observarías
observa	observó	observaba	observará	observaría
observamos	observamos	observábamos	observaremos	observaríamos
observáis	observasteis	observabais	observaréis	observaríais
observan	observaron	observaban	observarán	observarían

Present Subjunctive	Imperfect Subjunctive	Imperative	Present Participle	Past Participle
observe	observara	observa	observando	observado
observes	observaras	observes*		
observe	observara	observad		
observemos	observáramos	observéis*		
observéis	observarais	observe		
observen	observaran	observen		

Present	**Preterite**	**Imperfect**	**Future**	**Conditional**
exijo	exigí	exigía	exigiré	exigiría
exiges	exigiste	exigías	exigirás	exigirías
exige	exigió	exigía	exigirá	exigiría
exigimos	exigimos	exigíamos	exigiremos	exigiríamos
exigís	exigisteis	exigíais	exigiréis	exigiríais
exigen	exigieron	exigían	exigirán	exigirían

Present Subjunctive	**Imperfect Subjunctive**	**Imperative**	**Present Participle**	**Past Participle**
exija	exigiera	exige	exigiendo	exigido
exijas	exigieras	exijas*		
exija	exigiera	exigid		
exijamos	exigiéramos	exijáis*		
exijáis	exigierais	exija		
exijan	exigieran	exijan		

OBSERVAR
to observe

Observé los métodos que la profesora usó en clase.
I observed the methods the teacher used in class.

EXPERIMENTAR

to experience; to undergo; to experiment

La mujer *experimentó* una sensación de tristeza.
The woman experienced a feeling of sadness.

Present	Preterite	Imperfect	Future	Conditional
obro	obré	obraba	obraré	obraría
obras	obraste	obrabas	obrarás	obrarías
obra	obró	obraba	obrará	obraría
obramos	obramos	obrábamos	obraremos	obraríamos
obráis	obrasteis	obrabais	obraréis	obraríais
obran	obraron	obraban	obrarán	obrarían

Present Subjunctive	Imperfect Subjunctive	Imperative	Present Participle	Past Participle
obre	obrara	obra	obrando	obrado
obres	obraras	obres*		
obre	obrara	obrad		
obremos	obráramos	obréis*		
obréis	obrarais	obre		
obren	obraran	obren		

Present	**Preterite**	**Imperfect**	**Future**	**Conditional**
experimento	experimenté	experimentaba	experimentaré	experimentaría
experimentas	experimentaste	experimentabas	experimentarás	experimentarías
experimenta	experimentó	experimentaba	experimentará	experimentaría
experimentamos	experimentamos	experimentábamos	experimentaremos	experimentaríamos
experimentáis	experimentasteis	experimentabais	experimentaréis	experimentaríais
experimentan	experimentaron	experimentaban	experimentarán	experimentarían

Present Subjunctive	**Imperfect Subjunctive**	**Imperative**	**Present Participle**	**Past Participle**
experimente	experimentara		experimentando	experimentado
experimentes	experimentaras	experimenta		
experimente	experimentara	experimentes*		
experimentemos	experimentáramos	experimentad		
experimentéis	experimentarais	experimentéis*		
experimenten	experimentaran	experimente		
		experimenten		

OBRAR
to act as; to function as; to work

Nuestras creencias *obran* resultados milagrosos.
Our beliefs work miracles.

Present	Preterite	Imperfect	Future	Conditional
obedezco	obedecí	obedecía	obedeceré	obedecería
obedeces	obedeciste	obedecías	obedecerás	obedecerías
obedece	obedeció	obedecía	obedecerá	obedecería
obedecemos	obedecimos	obedecíamos	obedeceremos	obedeceríamos
obedecéis	obedecisteis	obedecíais	obedeceréis	obedeceríais
obedecen	obedecieron	obedecían	obedecerán	obedecerían

Present Subjunctive	Imperfect Subjunctive	Imperative	Present Participle	Past Participle
obedezca	obedeciera	obedece	obedeciendo	obedecido
obedezcas	obedecieras	obedezcas*		
obedezca	obedeciera	obedeced		
obedezcamos	obedeciéramos	obedezcáis*		
obedezcáis	obedecierais	obedezca		
obedezcan	obedecieran	obdezcan		

EXPLICAR
to explain

El médico me *explicó* el proceso de la cirugía.
The doctor explained the surgery process to me.

Present	Preterite	Imperfect	Future	Conditional
explico	expliqué	explicaba	explicaré	expicaría
explicas	explicaste	explicabas	explicarás	explicarías
explica	explicó	explicaba	explicará	explicaría
explicamos	explicamos	explicábamos	explicaremos	explicaríamos
explicáis	explicasteis	explicabais	explicaréis	explicaríais
explican	explicaron	explicaban	explicarán	explicarían

Present Subjunctive	Imperfect Subjunctive	Imperative	Present Participle	Past Participle
explique	explicara	explica	explicando	explicado
expliques	explicaras	expliques*		
explique	explicara	explicad		
expliquemos	explicáramos	expliquéis*		
expliquéis	explicarais	explique		
expliquen	explicaran	expliquen		

OBEDECER
to obey

Los hijos *obedecen* a sus padres.
The children obey their parents.

Present	Preterite	Imperfect	Future	Conditional
niego	negué	negaba	negaré	negaría
niegas	negaste	negabas	negarás	negarías
niega	negó	negaba	negará	negaría
negamos	negamos	negábamos	negaremos	negaríamos
negáis	negasteis	negabais	negréis	negaríais
niegan	negaron	negaban	negarán	negarían

Present Subjunctive	Imperfect Subjunctive	Imperative	Present Participle	Past Participle
niegue	negara	niega	negando	negado
niegues	negaras	niegues*		
niegue	negara	negad		
neguemos	negáramos	neguéis*		
neguéis	negarais	niegue		
nieguen	negaran	nieguen		

EXPRESAR

to express; to manifest; to represent

El autor *expresó* su opinión en el ensayo.
The author expressed his opinion in the essay.

Present	Preterite	Imperfect	Future	Conditional
expreso	expresé	expresaba	expresaré	expresaría
expresas	expresaste	expresabas	expresarás	expresarías
expresa	expresó	expresaba	expresará	expresaría
expresamos	expresamos	expresábamos	expresaremos	expresaríamos
expresáis	expresasteis	expresabais	expresaréis	expresaríais
expresan	expresaron	expresaban	expresarán	expresarían

Present Subjunctive	Imperfect Subjunctive	Imperative	Present Participle	Past Participle
exprese	expresara		expresando	expresado
expreses	expresaras	expresa		
exprese	expresara	expreses*		
expresemos	expresáramos	expresad		
expreséis	expresarais	expreséis*		
expresen	expresaran	exprese		
		expresen		

NEGAR(SE)
to deny; to refuse to

Ella *se negó* a ir al teatro con sus padres.
She refused to go to the theater with her parents.

Present	Preterite	Imperfect	Future	Conditional
necesito	necesité	necesitaba	necesitaré	necesitaría
necesitas	necesitaste	necesitabas	necesitarás	necesitarías
necesita	necesitó	necesitaba	necesitará	necesitaría
necesitamos	necesitamos	necesitábamos	necesitaremos	necesitaríamos
necesitáis	necesitasteis	necesitabais	necesitaréis	necesitaríais
necesitan	necesitaron	necesitaban	necesitarán	necesitarían

Present Subjunctive	Imperfect Subjunctive	Imperative	Present Participle	Past Participle
necesite	necesitara	necesita	necesitando	necesitado
necesites	necesitaras	necesites*		
necesite	necesitara	necesitad		
necesitemos	necesitáramos	necesitéis*		
necesitéis	necesitarais	necesite		
necesiten	necesitaran	necesiten		

FELICITAR

to congratulate; to wish happiness

Te felicito en este día de tu cumpleaños.
I congratulate you on your birthday.

Present	**Preterite**	**Imperfect**	**Future**	**Conditional**
felicito	felicité	felicitaba	felicitaré	felicitaría
felicitas	felicitaste	felicitabas	felicitarás	felicitarías
felicita	felicitó	felicitaba	felicitará	felicitaría
felicitamos	felicitamos	felicitábamos	felicitaremos	felicitaríamos
felicitáis	felicitasteis	felicitabais	felicitaréis	felicitaríais
felicitan	felicitaron	felicitaban	felicitarán	felicitarían

Present Subjunctive	**Imperfect Subjunctive**	**Imperative**	**Present Participle**	**Past Participle**
felicite	felicitara		felicitando	felicitado
felicites	felicitaras	felicita		
felicite	felicitara	felicites*		
felicitemos	felicitáramos	felicitad		
felicitéis	felicitarais	felicitéis*		
feliciten	felicitaran	felicite		
		feliciten		

NECESITAR
to need

Necesito tu ayuda para distribuir los regalos.
I need your help to distribute the gifts.

Present	Preterite	Imperfect	Future	Conditional
multiplico	multipliqué	multiplicaba	multiplicaré	multiplicaría
multiplicas	multiplicaste	multiplicabas	multiplicarás	multiplicarías
multiplica	multiplicó	multiplicaba	multiplicará	multiplicaría
multiplicamos	multiplicamos	multiplicábamos	multiplicaremos	multiplicaríamos
multiplicáis	multiplicasteis	multiplicabais	multiplicaréis	multiplicaríais
multiplican	multiplicaron	multiplicaban	multiplicarán	multiplicarían

Present Subjunctive	Imperfect Subjunctive	Imperative	Present Participle	Past Participle
multiplique	multiplicara	multiplica	multiplicando	multiplicado
multipliques	multiplicaras	multipliques*		
multiplique	multiplicara	multiplicad		
multipliquemos	multiplicáramos	multipliquéis*		
multipliquéis	multiplicarais	multiplique		
multipliquen	multiplicaran	multipliquen		

FIGURAR
to appear; to represent; to be prominent

El amor *figura* como tema en todas sus novelas.
Love appears as a theme in all his novels.

MULTIPLICAR
to multiply

Es imprescindible que *multipliques* tus ganancias.
It is essential that you multiply your earnings.

Present	Preterite	Imperfect	Future	Conditional
figuro	figuré	figuraba	figuraré	figuraría
figuras	figuraste	figurabas	figurarás	figurarías
figura	figuró	figuraba	figurará	figuraría
figuramos	figuramos	figurábamos	figuraremos	figuraríamos
figuráis	figurasteis	figurabais	figuraréis	figuraríais
figuran	figuraron	figuraban	figurarán	figurarían

Present Subjunctive	Imperfect Subjunctive	Imperative	Present Participle	Past Participle
figure	figurara		figurando	figurado
figures	figuraras	figura		
figure	figurara	figures*		
figuremos	figuráramos	figurad		
figuréis	figurarais	figuréis*		
figuren	figuraran	figure		
		figuren		

Present	Preterite	Imperfect	Future	Conditional
mudo	mudé	mudaba	mudaré	mudaría
mudas	mudaste	mudabas	mudarás	mudarías
muda	mudó	mudaba	mudará	mudaría
mudamos	mudamos	mudábamos	mudaremos	mudaríamos
mudáis	mudasteis	mudabais	mudaréis	mudaríais
mudan	mudaron	mudaban	mudarán	mudarían

Present Subjunctive	Imperfect Subjunctive	Imperative	Present Participle	Past Participle
mude	mudara	muda	mudando	mudado
mudes	mudaras	mudes*		
mude	mudara	mudad		
mudemos	mudáramos	mudéis*		
mudéis	mudarais	mude		
muden	mudaran	muden		

FINGIR

to pretend; to feign

El enemigo *finge* ser su amigo.
The enemy pretends to be his friend.

Present	**Preterite**	**Imperfect**	**Future**	**Conditional**
finjo	fingí	fingía	fingiré	fingiría
finges	fingiste	fingías	fingirás	fingirías
finge	fingió	fingía	fingirá	fingiría
fingimos	fingimos	fingíamos	fingiremos	fingiríamos
fingís	fingisteis	fingíais	fingiréis	fingiríais
fingen	fingieron	fingían	fingirán	fingirían

Present Subjunctive	**Imperfect Subjunctive**	**Imperative**	**Present Participle**	**Past Participle**
finja	fingiera	finge	fingiendo	fingido
finjas	fingieras	finjas*		
finja	fingiera	fingid		
finjamos	fingiéramos	finjáis*		
finjáis	fingierais	finja		
finjan	fingieran	finjan		

MUDAR(SE)

to move; to change residence

La familia *se mudó* a Italia.
The family moved to Italy.

FORMAR

to form; to shape; to fashion

El escultor forma la estatua del poeta.
The sculptor forms the statue of the poet.

Present	Preterite	Imperfect	Future	Conditional
muevo	moví	movía	moveré	movería
mueves	moviste	movías	moverás	moverías
mueve	movió	movía	moverá	movería
movemos	movimos	movíamos	moveremos	moveríamos
movéis	movisteis	movíais	moveréis	moveríais
mueven	movieron	movían	moverán	moverían

Present Subjunctive	Imperfect Subjunctive	Imperative	Present Participle	Past Participle
mueva	moviera		moviendo	movido
muevas	movieras	mueve		
mueva	moviera	muevas*		
movamos	moviéramos	moved		
mováis	movierais	mováis*		
muevan	movieran	mueva		
		muevan		

MOVER
to move

Carlota *movió* el coche a la cuadra siguiente.
Charlotte moved the car to the next block.

Present	Preterite	Imperfect	Future	Conditional
formo	formé	formaba	formaré	formaría
formas	formaste	formabas	formarás	formarías
forma	formó	formaba	formará	formaría
formamos	formamos	formábamos	formaremos	formaríamos
formáis	formasteis	formabais	formaréis	formaríais
forman	formaron	formaban	formarán	formarían

Present Subjunctive	Imperfect Subjunctive	Imperative	Present Participle	Past Participle
forme	formara	forma	formando	formado
formes	formaras	formes*		
forme	formara	formad		
formemos	formáramos	forméis*		
forméis	formarais	forme		
formen	formaran	formen		

Present	Preterite	Imperfect	Future	Conditional
muero	morí	moría	moriré	moriría
mueres	moriste	morías	morirás	morirías
muere	murió	moría	morirá	moriría
morimos	morimos	moríamos	moriremos	moriríamos
morís	moristeis	moríais	moriréis	moriríais
mueren	murieron	morían	morirán	morirían

Present Subjunctive	Imperfect Subjunctive	Imperative	Present Participle	Past Participle
muera	muriera	muere	muriendo	muerto
mueras	murieras	mueras*		
muera	muriera	morid		
muramos	muriéramos	muráis*		
muráis	murierais	muera		
mueran	murieran	mueran		

FRACASAR

to fail; to be unsuccessful

Nosotros *fracasamos* en nuestro propósito.
We failed in our goal.

MORIR(SE)
to die

Abraham Lincoln *murió* después de la Guerra Civil.
Abraham Lincoln died after the Civil War.

Present	Preterite	Imperfect	Future	Conditional
fracaso	fracasé	fracasaba	fracasaré	fracasaría
fracasas	fracasaste	fracasabas	fracasarás	fracasarías
fracasa	fracasó	fracasaba	fracasará	fracasaría
fracasamos	fracasamos	fracasábamos	fracasaremos	fracasaríamos
fracasáis	fracasasteis	fracasabais	fracasaréis	fracasaríais
fracasan	fracasaron	fracasaban	fracasarán	fracasarían

Present Subjunctive	Imperfect Subjunctive	Imperative	Present Participle	Past Participle
fracase	fracasara		fracasando	fracasado
fracases	fracasaras	fracasa		
fracase	fracasara	fracases*		
fracasemos	fracasáramos	fracasad		
fracaséis	fracasarais	fracaséis*		
fracasen	fracasaran	fracase		
		fracasen		

Present	Preterite	Imperfect	Future	Conditional
muerdo	mordí	mordía	morderé	mordería
muerdes	mordiste	mordías	morderás	morderías
muerde	mordió	mordía	morderá	mordería
mordemos	mordimos	mordíamos	morderemos	morderíamos
mordéis	mordisteis	mordíais	morderéis	morderíais
muerden	mordieron	mordían	morderán	morderían

Present Subjunctive	Imperfect Subjunctive	Imperative	Present Participle	Past Participle
muerda	mordiera		mordiendo	mordido
muerda	mordieras	muerde		
muerda	mordiera	muerdas*		
mordamos	mordiéramos	morded		
mordáis	mordierais	mordáis*		
muerdan	mordieran	muerda		
		muerdan		

GANAR
to win; to earn

Mi madre *gana* mucho dinero en su trabajo.
My mother earns a lot of money in her work.

MORDER
to bite

El perro *mordió* al niño en el pie.
The dog bit the little boy in the foot.

Present	Preterite	Imperfect	Future	Conditional
gano	gané	ganaba	ganaré	ganaría
ganas	ganaste	ganabas	ganarás	ganarías
gana	ganó	ganaba	ganará	ganaría
ganamos	ganamos	ganábamos	ganaremos	ganaríamos
ganáis	ganasteis	ganabais	ganaréis	ganaríais
ganan	ganaron	ganaban	ganarán	ganarían

Present Subjunctive	Imperfect Subjunctive	Imperative	Present Participle	Past Participle
gane	ganara	gana	ganando	ganado
ganes	ganaras	ganes*		
gane	ganara	ganad		
ganemos	ganáramos	ganéis*		
ganéis	ganarais	gane		
ganen	ganaran	ganen		

GASTAR

to spend [money]; to waste; to wear [out]

Gasto mucho dinero cuando viajo.
I spend a lot of money when I travel.

Present	Preterite	Imperfect	Future	Conditional
monto	monté	montaba	montaré	montaría
montas	montaste	montabas	montarás	montarías
monta	montó	montaba	montará	montaría
montamos	montamos	montábamos	montaremos	montaríamos
montáis	montasteis	montabais	montaréis	montaríais
montan	montaron	montaban	montarán	montarían

Present Subjunctive	Imperfect Subjunctive	Imperative	Present Participle	Past Participle
monte	montara	monta	montando	montado
montes	montaras	montes*		
monte	montara	montad		
montemos	montáramos	montéis*		
montéis	montarais	monte		
monten	montaran	monten		

MONTAR
to ride [a bicycle, horse]; to mount

Margarita *montaba* su bicicleta todos los días.
Marguerite rode her bicycle every day.

Present	Preterite	Imperfect	Future	Conditional
gasto	gasté	gastaba	gastaré	gastaría
gastas	gastaste	gastabas	gastarás	gastarías
gasta	gastó	gastaba	gastará	gastaría
gastamos	gastamos	gastábamos	gastaremos	gastaríamos
gastáis	gastasteis	gastabais	gastaréis	gastaríais
gastan	gastaron	gastaban	gastarán	gastarían

Present Subjunctive	Imperfect Subjunctive	Imperative	Present Participle	Past Participle
gaste	gastara	gasta	gastando	gastado
gastes	gastaras	gastes*		
gaste	gastara	gastad		
gastemos	gastáramos	gastéis*		
gastéis	gastarais	gaste		
gasten	gastaran	gasten		

GOZAR

to enjoy; to possess [as in good health]

Los estudiantes *gozan* de las vacaciones de primavera.
The students enjoy spring break.

Present	Preterite	Imperfect	Future	Conditional
mojo	mojé	mojaba	mojaré	mojaría
mojas	mojaste	mojabas	mojarás	mojarías
moja	mojó	mojaba	mojará	mojaría
mojamos	mojamos	mojábamos	mojaremos	mojaríamos
mojáis	mojasteis	mojabais	mojaréis	mojaríais
mojan	mojaron	mojaban	mojarán	mojarían

Present Subjunctive	Imperfect Subjunctive	Imperative	Present Participle	Past Participle
moje	mojara		mojando	mojado
mojes	mojaras	moja		
moje	mojara	mojes*		
mojemos	mojáramos	mojad		
mojéis	mojarais	mojéis*		
mojen	mojaran	moje		
		mojen		

MOJAR(SE)
to wet; to get wet

Quiero que *mojes* la toalla para que te puedas limpiar la cara.
I want you to wet the towel so that you can clean your face.

Present	Preterite	Imperfect	Future	Conditional
gozo	gocé	gozaba	gozaré	gozaría
gozas	gozaste	gozabas	gozarás	gozarías
goza	gozó	gozaba	gozará	gozaría
gozamos	gozamos	gozábamos	gozaremos	gozaríamos
gozáis	gozasteis	gozabais	gozaréis	gozaríais
gozan	gozaron	gozaban	gozarán	gozarían

Present Subjunctive	Imperfect Subjunctive	Imperative	Present Participle	Past Participle
goce	gozara	goza	gozando	gozado
goces	gozaras	goces*		
goce	gozara	gozad		
gocemos	gozáramos	gocéis*		
gocéis	gozarais	goce		
gocen	gozaran	gocen		

Present	Preterite	Imperfect	Future	Conditional
miro	miré	miraba	miraré	miraría
miras	miraste	mirabas	mirarás	mirarías
mira	miró	miraba	mirará	miraría
miramos	miramos	mirábamos	miraremos	miraríamos
miráis	mirasteis	mirabais	miraréis	miraríais
miran	miraron	miraban	mirarán	mirarían

Present Subjunctive	Imperfect Subjunctive	Imperative	Present Participle	Past Participle
mire	mirara	mira	mirando	mirado
mires	miraras	mires*		
mire	mirara	mirad		
miremos	miráramos	miréis*		
miréis	mirarais	mire		
miren	miraran	miren		

GRITAR
to scream; to yell

Los aficionados *gritaban* cuando el equipo ganaba.
The fans would shout when the team was winning.

Present	Preterite	Imperfect	Future	Conditional
grito	grité	gritaba	gritaré	gritaría
gritas	gritaste	gritabas	gritarás	gritarías
grita	gritó	gritaba	gritará	gritaría
gritamos	gritamos	gritábamos	gritaremos	gritaríamos
gritáis	gritasteis	gritabais	gritaréis	gritaríais
gritan	gritaron	gritaban	gritarán	gritarían

Present Subjunctive	Imperfect Subjunctive	Imperative	Present Participle	Past Participle
grite	gritara	grita	gritando	gritado
grites	gritaras	grites*		
grite	gritara	gritad		
gritemos	gritáramos	gritéis*		
gritéis	gritarais	grite		
griten	gritaran	griten		

MIRAR
to watch; to look [at]

No debes *mirar* la televisión cuando estudias.
You shouldn't watch television when you study.

Present	Preterite	Imperfect	Future	Conditional
mezclo	mezclé	mezclaba	mezclaré	mezclaría
mezclas	mezclaste	mezclabas	mezclarás	mezclarías
mezcla	mezcló	mezclaba	mezclará	mezclaría
mezclamos	mezclamos	mezclábamos	mezclaremos	mezclaríamos
mezcláis	mezclasteis	mezclabais	mezclaréis	mezclaríais
mezclan	mezclaron	mezclaban	mezclarán	mezclarían

Present Subjunctive	Imperfect Subjunctive	Imperative	Present Participle	Past Participle
mezcle	mezclara	mezcla	mezclando	mezclado
mezcles	mezclaras	mezcles*		
mezcle	mezclara	mezclad		
mezclemos	mezcláramos	mezcléis*		
mezcléis	mezclarais	mezcle		
mezclen	mezclaran	mezclen		

GUIAR
to guide, to lead, to show the way

Los padres *guían* la vida de sus hijos.
Parents guide the lives of their children.

MEZCLAR
to mix; to scramble

Mezcla todos los ingredientes antes de cocerlos al horno.
Mix all the ingredients before baking.

Present	Preterite	Imperfect	Future	Conditional
guío	guié	guiaba	guiaré	guiaría
guías	guiaste	guiabas	guiarás	guiarías
guía	guió	guiaba	giuará	guiaría
guiamos	guiamos	guiábamos	guiaremos	guiaríamos
guiáis	guiasteis	guiabais	guiaréis	guiaríais
guían	guiaron	guiaban	guiarán	guiarían

Present Subjunctive	Imperfect Subjunctive	Imperative	Present Participle	Past Participle
guíe	guiara		guiando	guiado
guíes	guiaras	guía		
guíe	guiara	guíes*		
guiemos	guiáramos	guiad		
guiéis	guiarais	guiéis*		
guíen	guiaran	guíe		
		guíen		

Present	Preterite	Imperfect	Future	Conditional
meto	metí	metía	meteré	metería
metes	metiste	metías	meterás	meterías
mete	metió	metía	meterá	metería
metemos	metimos	metíamos	meteremos	meteríamos
metéis	metisteis	metíais	meteréis	meteríais
meten	metieron	metían	meterán	meterían

Present Subjunctive	Imperfect Subjunctive	Imperative	Present Participle	Past Participle
meta	metiera		metiendo	metido
metas	metieras	mete		
meta	metiera	metas*		
metamos	metiéramos	meted		
metáis	metierais	metáis*		
metan	metieran	meta		
		metan		

HABER

to have (auxiliary verb)

El equipo *ha ganado* el partido.
The team has won the game.

Present	**Preterite**	**Imperfect**	**Future**	**Conditional**
he	hube	había	habré	habría
has	hubiste	habías	habrás	habrías
ha	hubo	había	habrá	habría
hemos	hubimos	habíamos	habremos	habríamos
habéis	hubisteis	habíais	habréis	habríais
han	hubieron	habían	habrán	habrían

Present Subjunctive	**Imperfect Subjunctive**	**Imperative**	**Present Participle**	**Past Participle**
haya	hubiera	he	habiendo	habido
hayas	hubieras	hayas*		
haya	hubiera	habed		
hayamos	hubiéramos	hayáis*		
hayáis	hubierais	haya		
hayan	hubieran	hayan		

METER
to put; to place in

Mi hermano *metió* su motocicleta en el garage.
My brother put his motorcycle in the garage.

Present	Preterite	Imperfect	Future	Conditional
meriendo	merendé	merendaba	merendaré	merendaría
meriendas	merendaste	merendabas	merendarás	merendarías
merienda	merendó	merendaba	merendará	merendaría
merendamos	merendamos	merendábamos	merendaremos	merendaríamos
merendáis	merendasteis	merendabais	merendaréis	merendaríais
meriendan	merendaron	merendaban	merendarán	merendarían

Present Subjunctive	Imperfect Subjunctive	Imperative	Present Participle	Past Participle
meriende	merendara	merienda	merendando	merendado
meriendes	merendaras	meriendes*		
meriende	merendara	merendad		
merendemos	merendáramos	merendéis*		
merendéis	merendarais	meriende		
merienden	merendaran	merienden		

HACER
to do; to make; to be

Haz tus *deberes* en casa.
Do your chores at home.

Present	Preterite	Imperfect	Future	Conditional
hago	hice	hacía	haré	haría
haces	hiciste	hacías	harás	harías
hace	hizo	hacía	hará	haría
hacemos	hicimos	hacíamos	haremos	haríamos
hacéis	hicisteis	hacíais	haréis	haríais
hacen	hicieron	hacían	harán	harían

Present Subjunctive	Imperfect Subjunctive	Imperative	Present Participle	Past Participle
haga	hiciera	haz	haciendo	hecho
hagas	hicieras	hagas*		
haga	hiciera	haced		
hagamos	hiciéramos	hagáis*		
hagáis	hicierais	haga		
hagan	hicieran	hagan		

MERENDAR
to snack; to eat

Merendamos antes de ir al teatro.
We snack before going to the theatre.

Present	Preterite	Imperfect	Future	Conditional
merezco	merecí	merecía	mereceré	merecería
mereces	mereciste	merecías	merecerás	merecerías
merece	mereció	merecía	merecerá	merecería
merecemos	merecimos	merecíamos	mereceremos	mereceríamos
merecéis	merecisteis	merecíais	mereceréis	mereceríais
merecen	merecieron	merecían	merecerán	merecerían

Present Subjunctive	Imperfect Subjunctive	Imperative	Present Participle	Past Participle
merezca	mereciera	merece	mereciendo	merecido
merezcas	merecieras	merezcas*		
merezca	mereciera	mereced		
merezcamos	ereciéramos	merezcáis*		
merezcáis	merecierais	merezca		
merezcan	merecieran	merezcan		

HALLAR
to find, to encounter

Dorotea *halló* la información que quería en la red.
Dorothy found the information she wanted on the Internet.

Present	Preterite	Imperfect	Future	Conditional
hallo	hallé	hallaba	hallaré	hallaría
hallas	hallaste	hallabas	hallarás	hallarías
halla	halló	hallaba	hallará	hallaría
hallamos	hallamos	hallábamos	hallaremos	hallaríamos
halláis	hallasteis	hallabais	hallaréis	hallaríais
hallan	hallaron	hallaban	hallarán	hallarían

Present Subjunctive	Imperfect Subjunctive	Imperative	Present Participle	Past Participle
halle	hallara	halla	hallando	hallado
halles	hallaras	halles*		
halle	hallara	hallad		
hallemos	halláramos	halléis*		
halléis	hallarais	halle		
hallen	hallaran	hallen		

MERECER
to deserve; to merit

Todos *merecemos* una vida feliz.
All of us deserve a happy life.

Present	Preterite	Imperfect	Future	Conditional
miento	mentí	mentía	mentiré	mentiría
mientes	mentiste	mentías	mentirás	mentirías
miente	mintió	mentía	mentirá	mentiría
mentimos	mentimos	mentíamos	mentiremos	mentiríamos
mentís	mentisteis	mentíais	mentiréis	mentiríais
mienten	mintieron	mentían	mentirán	mentirían

Present Subjunctive	Imperfect Subjunctive	Imperative	Present Participle	Past Participle
mienta	mintiera	miente	mintiendo	mentido
mientas	mintieras	mientas*		
mienta	mintiera	mentid		
mintamos	mintiéramos	mintáis*		
mintáis	mintierais	mienta		
mientan	mintieran	mientan		

HERVIR
to boil

Por la mañana, *hiervo* un huevo para el desayuno.
In the morning, I boil an egg for breakfast.

MENTIR
to lie [about the truth]

Nunca mientas a tus amigos.
Never lie to your friends.

Present	Preterite	Imperfect	Future	Conditional
hiervo	herví	hervía	herviré	herviría
hierves	herviste	hervías	hervirás	hervirías
hierve	hirvió	hervía	hervirá	herviría
hervimos	hervimos	hervíamos	herviremos	herviríamos
hervís	hervisteis	hervíais	herviréis	herviríais
hierven	hirvieron	hervían	hervirán	hervirían

Present Subjunctive	Imperfect Subjunctive	Imperative	Present Participle	Past Participle
hierva	hirviera		hirviendo	hervido
hiervas	hirvieras	hierve		
hierva	hirviera	hiervas*		
hirvamos	hirviéramos	hervid		
hirváis	hirvierais	hirváis*		
hiervan	hirvieran	hierva		
		hiervan		

Present	Preterite	Imperfect	Future	Conditional
mejoro	mejoré	mejoraba	mejoraré	mejoraría
mejoras	mejoraste	mejorabas	mejorarás	mejorarías
mejora	mejoró	mejoraba	mejorará	mejoraría
mejoramos	mejoramos	mejorábamos	mejoraremos	mejoraríamos
mejoráis	mejorasteis	mejorabais	mejoraréis	mejoraríais
mejoran	mejoraron	mejoraban	mejorarán	mejorarían

Present Subjunctive	Imperfect Subjunctive	Imperative	Present Participle	Past Participle
mejore	mejorara	mejora	mejorando	mejorado
mejores	mejoraras	mejores*		
mejore	mejorara	mejorad		
mejoremos	mejoráramos	mejoréis*		
mejoréis	mejorarais	mejore		
mejoren	mejoraran	mejoren		

HONRAR
to honor; to respect

El gobierno *honra* a los soldados.
The government honors the soldiers.

MEJORAR(SE)
to better; to get better; to make better

El enfermo *se mejoró* después de descansar.
The sick person got better after resting.

Present	Preterite	Imperfect	Future	Conditional
honro	honré	honraba	honraré	honraría
honras	honraste	honrabas	honrarás	honrarías
honra	honró	honraba	honrará	honraría
honramos	honramos	honrábamos	honraremos	honraríamos
honráis	honrasteis	honrabais	honraréis	honraríais
honran	honraron	honraban	honrarán	honrarían

Present Subjunctive	Imperfect Subjunctive	Imperative	Present Participle	Past Participle
honre	honrara	honra	honrando	honrado
honres	honraras	honres*		
honre	honrara	honrad		
honremos	honráramos	honréis*		
honréis	honrarais	honre		
honren	honraran	honren		

Present	Preterite	Imperfect	Future	Conditional
mido	medí	medía	mediré	mediría
mides	mediste	medías	medirás	medirías
mide	midió	medía	medirá	mediría
medimos	medimos	medíamos	mediremos	mediríamos
medís	medisteis	medíais	mediréis	mediríais
miden	midieron	medían	medirán	medirían

Present Subjunctive	Imperfect Subjunctive	Imperative	Present Participle	Past Participle
mida	midiera	mide	midiendo	medido
midas	midieras	midas*		
mida	midiera	medid		
midamos	midiéramos	midáis*		
midáis	midierais	mida		
midan	midieran	midan		

HUIR
to flee; to escape

El criminal *huye* de la policía.
The criminal flees from the police.

MEDIR
to measure; to gauge

Antes de comprar zapatos, se debe *medir* los pies.
Before you buy shoes, you should measure your feet.

Present	Preterite	Imperfect	Future	Conditional
huyo	huí	huía	huiré	huiría
huyes	huiste	huías	huirás	huirías
huye	huyó	huía	huirá	huiría
huimos	huimos	huíamos	huiremos	huiríamos
huís	huisteis	huíais	huiréis	huiríais
huyen	huyeron	huían	huirán	huirían

Present Subjunctive	Imperfect Subjunctive	Imperative	Present Participle	Past Participle
huya	huyera	huye	huyendo	huido
huyas	huyeras	huyas*		
huya	huyera	huid		
huyamos	huyéramos	huyáis*		
huyáis	huyerais	huya		
huyan	huyeran	huyan		

Present	Preterite	Imperfect	Future	Conditional
mato	maté	mataba	mataré	mataría
matas	mataste	matabas	matarás	matarías
mata	mató	mataba	matará	mataría
matamos	matamos	matábamos	mataremos	mataríamos
matáis	matasteis	matabais	mataréis	mataríais
matan	mataron	mataban	matarán	matarían

Present Subjunctive	Imperfect Subjunctive	Imperative	Present Participle	Past Participle
mate	matara	mata	matando	matado
mates	mataras	mates*		
mate	matara	matad		
matemos	matáramos	matéis*		
matéis	matarais	mate		
maten	mataran	maten		

HUNDIR(SE)

to sink; to submerge

El barco *se hundió* en plena mar.
The boat sank in the middle of the sea.

Present	Preterite	Imperfect	Future	Conditional
hundo	hundí	hundía	hundiré	hundiría
hundes	hundiste	hundías	hundirás	hundirías
hunde	hundió	hundía	hundirá	hundiría
hundimos	hundimos	hundíamos	hundiremos	hundiríamos
hundís	hundisteis	hundíais	hundiréis	hundiríais
hunden	hundieron	hundían	hundirán	hundirían

Present Subjunctive	Imperfect Subjunctive	Imperative	Present Participle	Past Participle
hunda	hundiera		hundiendo	hundido
hundas	hundieras	hunde		
hunda	hundiera	hundas*		
hundamos	hundiéramos	hundid		
hundáis	hundierais	hundáis*		
hundan	hundieran	hunda		
		hundan		

MATAR(SE)
to kill [oneself]

El soldado *mató* al enemigo.
The soldier killed the enemy.

Present	Preterite	Imperfect	Future	Conditional
marco	marqué	marcaba	marcaré	marcaría
marcas	marcaste	marcabas	marcarás	marcarías
marca	marcó	marcaba	marcará	marcaría
marcamos	marcamos	marcábamos	marcaremos	marcaríamos
marcáis	marcasteis	marcabais	marcaréis	marcaríais
marcan	marcaron	marcaban	marcarán	marcarían

Present Subjunctive	Imperfect Subjunctive	Imperative Participle	Present Participle	Past
marque	marcara	marca	marcando	marcado
marques	marcaras	marques*		
marque	marcara	marcad		
marquemos	marcáramos	marquéis*		
marquéis	marcarais	marque		
marquen	marcaran	marquen		

IMPEDIR

to prevent; to hinder, to obstruct

La falta de dinero me *impidió* viajar a España.
The lack of money prevented my travel to Spain.

Present	Preterite	Imperfect	Future	Conditional
impido	impedí	impedía	impediré	impediría
impides	impediste	impedías	impedirás	impedirías
impide	impidió	impedía	impedirá	impediría
impedimos	impedimos	impedíamos	impediremos	impediríamos
impedís	impedisteis	impedíais	impediréis	impediríais
impiden	impidieron	impedían	impedirán	impedirían

Present Subjunctive	Imperfect Subjunctive	Imperative	Present Participle	Past Participle
impida	impidiera	impide	impidiendo	impedido
impidas	impidieras	impidas*		
impida	impidiera	impedid		
impidamos	impidiéramos	impidáis*		
impidáis	impidierais	impida		
impidan	impidieran	impidan		

MARCAR

to mark; to brand; to beat [time]

Los niños están *marcando* sus libros con sus nombres.
The children are marking their books with their names.

Present	Preterite	Imperfect	Future	Conditional
mantengo	mantuve	mantenía	mantendré	mantendría
mantienes	mantuviste	mantenías	mantendrás	mantendrías
mantiene	mantuvo	mantenía	mantendrá	mantendría
mantenemos	mantuvimos	manteníamos	mantendremos	mantendríamos
mantenéis	mantuvisteis	manteníais	mantendréis	mantendríais
mantienen	mantuvieron	mantenían	mantendrán	mantendrían

Present Subjunctive	Imperfect Subjunctive	Imperative	Present Participle	Past Participle
mantenga	mantuviera	mantén	manteniendo	mantenido
mantengas	mantuvieras	mantengas*		
mantenga	mantuviera	mantened		
mantengamos	mantuviéramos	mantengáis*		
mantengáis	mantuvierais	mantenga		
mantengan	mantuvieran	mantengan		

IMPORTAR

to matter, to be of importance

Importa que ellos presten atención en la clase.
It is important that they pay attention in class.

MANTENER(SE)
to maintain; to support

El padre *mantiene* a su familia.
The father supports his family.

Present	**Preterite**	**Imperfect**	**Future**	**Conditional**
importo	importé	importaba	importaré	importaría
importas	importaste	importabas	importarás	importarías
importa	importó	importaba	importará	importaría
importamos	importamos	importábamos	importaremos	importaríamos
importáis	importasteis	importabais	importaréis	importaríais
importan	importaron	importaban	importarán	importarían

Present Subjunctive	**Imperfect Subjunctive**	**Imperative**	**Present Participle**	**Past Participle**
importe	importara	importa	importando	importado
importes	importaras	importes*		
importe	importara	importad		
importemos	importáramos	importéis*		
importéis	importarais	importe		
importen	importaran	importen		

Present	Preterite	Imperfect	Future	Conditional
manejo	manejé	manejaba	manejaré	manejaría
manejas	manejaste	manejabas	manejarás	manejarías
maneja	manejó	manejaba	manejará	manejaría
manejamos	manejamos	manejábamos	manejaremos	manejaríamos
manejáis	manejasteis	manejabais	manejaréis	manejaríais
manejan	manejaron	manejaban	manejarán	manejarían

Present Subjunctive	Imperfect Subjunctive	Imperative	Present Participle	Past Participle
maneje	manejara	maneja	manejando	manejado
manejes	manejaras	manejes*		
maneje	manejara	manejad		
manejemos	manejáramos	manejéis*		
manejéis	manejarais	maneje		
manejen	manejaran	manejen		

IMPRESIONAR

to impress ; to affect; to influence

El arte de Dalí me *impresiona* mucho.
Dalí's art impresses me a lot.

MANEJAR

to manage; to drive

¿Qué modelo de coche manejas?
What model car do you drive?

Present	Preterite	Imperfect	Future	Conditional
impresiono	impresioné	impresionaba	impresionaré	impresionaría
impresionas	impresionaste	impresionabas	impresionarás	impresionarías
impresiona	impresionó	impresionaba	impresionará	impresionaría
impresionamos	impresionamos	impresionábamos	impresionaremos	impresionaríamos
impresionáis	impresionasteis	impresionabais	impresionaréis	impresionaríais
impresionan	impresionaron	impresionaban	impresionarán	impresionarían

Present Subjunctive
impresione
impresiones
impresione
impresionemos
impresionéis
impresionen

Imperfect Subjunctive
impresionara
impresionaras
impresionara
impresionáramos
impresionara
impresionaran

Imperative

impresiona
impresiones*
impresionad
impresionéis*
impresione
impresionen

Present Participle
impresionando

Past Participle
impresionado

Present	Preterite	Imperfect	Future	Conditional
mando	mandé	mandaba	mandaré	mandaría
mandas	mandaste	mandabas	mandarás	mandarías
manda	mandó	mandaba	mandará	mandaría
mandamos	mandamos	mandábamos	mandaremos	mandaríamos
mandáis	mandasteis	mandabais	mandaréis	mandaríais
mandan	mandaron	mandaban	mandarán	mandarían

Present Subjunctive	Imperfect Subjunctive	Imperative	Present Participle	Past Participle
mande	mandara	manda	mandando	mandado
mandes	mandaras	mandes*		
mande	mandara	mandad		
mandemos	mandáramos	mandéis*		
mandéis	mandarais	mande		
manden	mandaran	manden		

INCLUIR
to include

El plato del día *incluye* la bebida.
The special of the day includes a drink.

Present	Preterite	Imperfect	Future	Conditional
incluyo	incluí	incluía	incluiré	incluiría
incluyes	incluiste	incluías	incluirás	incluirías
incluye	incluyó	incluía	incluirá	incluiría
incluimos	incluimos	incluíamos	incluiremos	incluiríamos
incluís	incluisteis	incluíais	incluréis	incluiríais
incluyen	incluyeron	incluían	incluirán	incluirían

Present Subjunctive	Imperfect Subjunctive	Imperative	Present Participle	Past Participle
incluya	incluyera		incluyendo	incluido
incluyas	incluyeras	incluye		
incluya	incluyera	incluyas*		
incluyamos	incluyéramos	incluid		
incluyáis	incluyerais	incluyáis*		
incluyan	incluyeran	incluya		
		incluyan		

MANDAR
to send; to order

Mándame tu nueva dirección cuando me escribas.
Send me your new address when you write to me.

INCORPORAR(SE)
to incorporate; to unite; to sit up

Las dos lecturas *incorporan* el tema de *carpe diem*.
The two reading selections incorporate the theme of *carpe diem*.

Present	Preterite	Imperfect	Future	Conditional
mancho	manché	manchaba	mancharé	mancharía
manchas	manchaste	manchabas	mancharás	mancharías
mancha	manchó	manchaba	mancharás	mancharía
manchamos	manchamos	manchábamos	mancharemos	mancharíamos
mancháis	manchasteis	manchabais	mancharéis	mancharíais
manchan	mancharon	manchaban	mancharán	mancharían

Present Subjunctive	Imperfect Subjunctive	Imperative	Present Participle	Past Participle
manche	manchara	mancha	manchando	manchado
manches	mancharas	manches*		
manche	manchara	manchad		
manchemos	mancháramos	manchéis*		
manchéis	mancharais	manche		
manchen	mancharan	manchen		

Present	Preterite	Imperfect	Future	Conditional
incorporo	incorporé	incorporaba	incorporaré	incorporaría
incorporas	incorporaste	incorporabas	incorporarás	incorporarías
incorpora	incorporó	incorporaba	incorporará	incorporaría
incorporamos	incorporamos	incorporábamos	incorporaremos	incorporaríamos
incomporáis	incorporasteis	incorporabais	incorporaréis	incorporarías
incorporan	incorporaron	incorporaban	incorporarán	incorporarían

Present Subjunctive	Imperfect Subjunctive	Imperative	Present Participle	Past Participle
incorpore	incorporara		incorporando	incorporado
incorpores	incorporaras	incorpora		
incorpore	incorporara	incorpores*		
incorporemos	incorporáramos	incorporad		
incorporéis	incorporarais	incorporéis*		
incorporen	incorporaran	incorpore		
		incorporen		

MANCHAR
to stain; to get dirty; to tarnish

Patricio, no te manches la camisa.
Patrick, don't get your shirt dirty.

Present	Preterite	Imperfect	Future	Conditional
lucho	luché	luchaba	lucharé	lucharía
luchas	luchaste	luchabas	lucharás	lucharías
lucha	luchó	luchaba	luchará	lucharía
luchamos	luchamos	luchábamos	lucharemos	lucharíamos
lucháis	luchasteis	luchabais	lucharéis	lucharíais
luchan	lucharon	luchaban	lucharán	lucharían

Present Subjunctive	Imperfect Subjunctive	Imperative	Present Participle	Past Participle
luche	luchara	lucha	luchando	luchado
luches	lucharas	luches*		
luche	luchara	luchad		
luchemos	lucháramos	luchéis*		
luchéis	lucharais	luche		
luchen	lucharan	luchen		

INDICAR
to indicate

Las direcciones *indican* donde queda el museo.
The directions indicate where the museum is located.

Present	Preterite	Imperfect	Future	Conditional
indico	indiqué	indicaba	indicaré	indicaría
indicas	indicaste	indicabas	indicarás	indicarías
indica	indicó	indicaba	indicará	indicaría
indicamos	indicamos	indicábamos	indicaremos	indicaríamos
indicáis	indicasteis	indicabais	indicaréis	indicaríais
indican	indicaron	indicaban	indicarán	indicarían

Present Subjunctive	Imperfect Subjunctive	Imperative	Present Participle	Past Participle
indique	indicara	indica	indicando	indicado
indiques	indicaras	indiques*		
indique	indicara	indicad		
indiquemos	indicáramos	indiquéis*		
indiquéis	indicarais	indique		
indiquen	indicaran	indiquen		

LUCHAR
to struggle; to fight; to wrestle

El criminal *lucha* con su conciencia.
The criminal struggles with his conscience.

Present	Preterite	Imperfect	Future	Conditional
logro	logré	lograba	lograré	lograría
logras	lograste	lograbas	lograrás	lograrías
logra	logró	lograba	logrará	lograría
logramos	logramos	lográbamos	lograremos	lograríamos
logáis	lograsteis	lograbais	lograréis	lograríais
logran	lograron	lograban	lograrán	lograrían

Present Subjunctive	Imperfect Subjunctive	Imperative	Participle	Present Participle	Past
logre	lograra	logra		logrando	logrado
logres	lograras	logres*			
logre	lograra	lograd			
logremos	lográramos	logréis*			
logréis	lograrais	logre			
logren	lograran	logren			

INFLUIR
to influence

Mis padres *influyeron* mi decisión de no fumar.
My parents influenced my decision not to smoke.

Present	Preterite	Imperfect	Future	Conditional
influyo	influí	influía	influiré	influiría
influyes	influiste	influías	influirás	influirías
influye	influyó	influía	influirá	influiría
influimos	influimos	influíamos	influiremos	influiríamos
influís	influisteis	influíais	influiréis	influiríais
influyen	influyeron	influían	influirán	influirían

Present Subjunctive	Imperfect Subjunctive	Imperative	Present Participle	Past Participle
influya	influyera		influyendo	influido
influyas	influyeras	influye		
influya	influyera	influyas*		
influyamos	influyéramos	influid		
influyais	influyerais	influyáis*		
influyan	influyeran	influya		
		influyan		

LOGRAR
to attain; to achieve; to succeed

El estudiante *logró* aprobar todos sus exámenes.
The student succeeded in passing all his exams.

INFORMAR(SE)
to inform; to report; to get information

El decano *nos informó* de los nuevos programas académicos.
The dean informed us of the new academic programs.

Present	Preterite	Imperfect	Future	Conditional
lloro	lloré	lloraba	lloraré	lloraría
lloras	lloraste	llorabas	llorarás	llorarías
llora	lloró	lloraba	llorará	lloraría
lloramos	lloramos	llorábamos	lloraremos	lloraríamos
lloráis	llorasteis	llorabais	lloraréis	lloraríais
lloran	lloraron	lloraban	llorarán	llorarían

Present Subjunctive	Imperfect Subjunctive	Imperative	Present Participle	Past Participle
llore	llorara	llora	llorando	llorado
llores	lloraras	llores*		
llore	llorara	llorad		
lloremos	lloráramos	lloréis*		
lloréis	llorarais	llore		
lloren	lloraran	lloren		

Present	Preterite	Imperfect	Future	Conditional
informo	informé	informaba	informaré	informaría
informas	informaste	informabas	informarás	informarías
informa	informó	informaba	informará	informaría
informamos	informamos	informábamos	informaremos	informaríamos
informáis	informasteis	informabais	informaréis	informaríais
informan	informaron	informaban	informarán	informarían

Present Subjunctive	Imperfect Subjunctive	Imperative	Present Participle	Past Participle
informe	informara		informando	informado
informes	informaras	informa		
informe	informara	informes*		
informemos	informáramos	informad		
informéis	informarais	informéis*		
informen	informaran	informe		
		informen		

LLORAR
to cry

¿Por qué *lloran* los niños?
Why are the children crying?

Present	Preterite	Imperfect	Future	Conditional
llevo	llevé	llevaba	llevaré	llevaría
llevas	llevaste	llevabas	llevarás	llevarías
lleva	llevó	llevaba	llevará	llevaría
llevamos	llevamos	llevábamos	llevaremos	llevaríamos
lleváis	llevasteis	llevabais	llevaréis	llevaríais
llevan	llevaron	llevaban	llevarán	llevarían

Present Subjunctive	Imperfect Subjunctive	Imperative	Present Participle	Past Participle
lleve	llevara	lleva	llevando	llevado
lleves	llevaras	lleves*		
lleve	llevara	llevad		
llevemos	lleváramos	llevéis*		
llevéis	llevarais	lleve		
lleven	llevaran	lleven		

INICIAR

to begin; to start; to commence

Margarita *inició* sus estudios de medicina el año pasado.
Margaret began her medical studies last year.

Present	Preterite	Imperfect	Future	Conditional
inicio	inicié	iniciaba	iniciaré	iniciaría
inicias	iniciaste	iniciabas	iniciarás	iniciarías
inicia	inició	iniciaba	iniciará	iniciaría
iniciamos	iniciamos	iniciábamos	iniciaremos	iniciaríamos
iniciáis	iniciasteis	inciciabais	iniciaréis	iniciaríais
inician	iniciaron	iniciaban	iniciarán	inciarían

Present Subjunctive	Imperfect Subjunctive	Imperative	Present Participle	Past Participle
inicie	iniciara	inicia	iniciando	iniciado
inicies	iniciaras	inicies*		
inicie	iniciara	iniciad		
iniciemos	iniciáramos	iniciéis*		
iniciéis	iniciarais	inicie		
inicien	iniciaran	incien		

LLEVAR
to take; to carry

¿Adónde *llevan* Uds. esos papeles?
Where are you taking those papers?

Present	Preterite	Imperfect	Future	Conditional
llego	llegué	llegaba	llegaré	llegaría
llegas	llegaste	llegabas	llegarás	llegarías
llega	llegó	llegaba	llegará	llegaría
llegamos	llegamos	llegábamos	llegaremos	llegaríamos
llegáis	llegasteis	llegabais	llegaréis	llegaríais
llegan	llegaron	llegaban	llegarán	llegarían

Present Subjunctive	Imperfect Subjunctive	Imperative	Present Participle	Past Participle
llegue	llegara		llegando	llegado
llegues	llegaras	llega		
llegue	llegara	llegues*		
lleguemos	llegáramos	llegad		
lleguéis	llegarais	lleguéis*		
lleguen	llegaran	llegue		
		lleguen		

INQUIETAR(SE)
to disturb; to worry; to perturb

Me inquieto mucho por la situación en el Medio Oriente.
I am very disturbed by the situation in the Middle East.

LLEGAR
to arrive; to come

El invierno *llegó* temprano este año.
Winter arrived early this year.

Present	Preterite	Imperfect	Future	Conditional
inquieto	inquieté	inquietaba	inquietaré	inquietaría
inquietas	inquietaste	inquietabas	inquietarás	inquietarías
inquieta	inquietó	inquietaba	inquietará	inquietaría
inquietamos	inquietamos	inquietábamos	inquietaremos	inquietaríamos
inquietáis	inquietasteis	inquietabais	inquietaréis	inquietaríais
inquietan	inquietaron	inquietaban	inquietarán	inquietarían

Present Subjunctive	Imperfect Subjunctive	Imperative	Present Participle	Past Participle
inquiete	inquietara	inquieta	inquietando	inquietado
inquietes	inquietaras	inquietes*		
inquiete	inquietara	inquietad		
inquietemos	inquietáramos	inquietéis*		
inquietéis	inquietarais	inquiete		
inquieten	inquietaran	inquieten		

INSCRIBIR(SE)
to register; to enroll

Los padres *inscribieron* a sus hijos en clases especiales.
The parents enrolled their children in special classes.

Present	Preterite	Imperfect	Future	Conditional
llamo	llamé	llamaba	llamaré	llamaría
llamas	llamaste	llamabas	llamarás	llamarías
llama	llamó	llamaba	llamará	llamaría
llamamos	llamamos	llamábamos	llamaremos	llamaríamos
llamáis	llamasteis	llamabais	llamaréis	llamaríais
llaman	llamaron	llamaban	llamarán	llamarían

Present Subjunctive	Imperfect Subjunctive	Imperative	Present Participle	Past Participle
llame	llamara	llama	llamando	llamado
llames	llamaras	llames*		
llame	llamara	llamad		
llamemos	llamáramos	llaméis*		
llaméis	llamarais	llame		
llamen	llamaran	llamen		

LLAMAR(SE)
to call [oneself]; to name

¿Quién *te ha llamado* por teléfono hoy?
Who has called you on the telephone today?

Present	Preterite	Imperfect	Future	Conditional
inscribo	inscribí	inscribía	inscribiré	inscribiría
inscribes	inscribiste	inscribías	inscribirás	inscribirías
inscribe	inscribió	inscribía	inscribirá	inscribiría
inscribimos	inscribimos	inscribíamos	inscribiremos	inscribiríamos
inscribís	inscribisteis	inscribíais	inscribiréis	inscribiríais
inscriben	inscribieron	inscribían	inscribirán	inscribirían

Present Subjunctive	Imperfect Subjunctive	Imperative	Present Participle	Past Participle
inscriba	inscribiera	inscribe	inscribiendo	inscrito
inscribas	inscribieras	inscribas*		
inscriba	inscribiera	inscribid		
inscribamos	inscribiéramos	inscribáis*		
inscribáis	inscribierais	inscriba		
inscriban	inscribieran	inscriban		

Present	Preterite	Imperfect	Future	Conditional
limpio	limpié	limpiaba	limpiaré	limpiaría
limpias	limpiaste	limpiabas	limpiarás	limpiarías
limpia	limpió	limpiaba	limpiará	limpiaría
limpiamos	limpiamos	limpiábamos	limpiaremos	limpiaríamos
limpiáis	limpiasteis	limpiabais	limpiaréis	limpiaríais
limpian	limpiaron	limpiaban	limpiarán	limpiarían

Present Subjunctive	Imperfect Subjunctive	Imperative	Present Participle	Past Participle
limpie	limpiara	limpia	limpiando	limpiado
limpies	limpiaras	limpies*		
limpie	limpiara	limpiad		
limpiemos	limpiáramos	limpiéis*		
limpiéis	limpiarais	limpie		
limpien	limpiaran	limpien		

INSISTIR

to insist

Es inútil que *insistas* en tu inocencia.
It is useless for you to insist on your innocence.

Present	Preterite	Imperfect	Future	Conditional
insisto	insistí	insistía	insistiré	insistiría
insistes	insististe	insistías	insistirás	insistirías
insiste	insistió	insistía	insistirá	insistiría
insistimos	insistimos	insistíamos	insistiremos	insistiríamos
insistís	insististeis	insistíais	insistiréis	insistiríais
insisten	insistieron	insistían	insistirán	insistirían

Present Subjunctive	Imperfect Subjunctive	Imperative	Present Participle	Past Participle
insista	insistiera		insistiendo	insistido
insistas	insistieras	insiste		
insista	insistiera	insistas*		
insistamos	insistiéramos	insistid		
insistáis	insistierais	insistáis*		
insistan	insistieran	insista		
		insistan		

LIMPIAR(SE)
to clean; to wipe clean

Limpia tus gafas para que puedas leer mejor.
Clean your eyeglasses so that you can read better.

Present	Preterite	Imperfect	Future	Conditional
levanto	levanté	levantaba	levantaré	levantaría
levantas	levantaste	levantabas	levantarás	levantarías
levanta	levantó	levantaba	levantará	levantaría
levantamos	levantamos	levantábamos	levantaremos	levantaríamos
levantáis	levantasteis	levantabais	levantaréis	levantaríais
levantan	levantaron	levantaban	levantarán	levantarían

Present Subjunctive	Imperfect Subjunctive	Imperative	Present Participle	Past Participle
levante	levantara	levanta	levantando	levantado
levantes	levantaras	levantes*		
levante	levantara	levantad		
levantemos	levantáramos	levantéis*		
levantéis	levantarais	levante		
levanten	levantaran	levanten		

INTRODUCIR

to introduce; to bring in; to place

El modista nos *introdujo* a una nueva moda.
The fashion designer introduced us to a new fashion.

Present	**Preterite**	**Imperfect**	**Future**	**Conditional**
introduzco	introduje	introducía	introduciré	introduciría
introduces	introdujiste	introducías	introducirás	introducirías
introduce	introdujo	introducía	introducirá	introduciría
introducimos	introdujimos	introducíamos	introduciremos	introduciríamos
introducís	introdujisteis	introducíais	introduciréis	introduciríais
introducen	introdujeron	introducían	introducirán	introducirían

Present Subjunctive	**Imperfect Subjunctive**	**Imperative**	**Present Participle**	**Past Participle**
introduzca	introdujera		introduciendo	introducido
introduzcas	introdujeras	introduce		
introduzca	introdujera	introduzcas*		
introduzcamos	introdujéramos	introducid		
introduzcáis	introdujerais	introduzcáis*		
introduzcan	introdujeran	introduzca		
		introduzcan		

LEVANTAR(SE)
to raise; to rise; to get up

Me levanto muy temprano por la mañana.
I get up very early in the morning.

Present	Preterite	Imperfect	Future	Conditional
leo	leí	leía	leeré	leería
lees	leíste	leías	leerás	leerías
lee	leyó	leía	leerá	leería
leemos	leímos	leíamos	leeremos	leeríamos
leéis	leísteis	leíais	leeréis	leeríais
leen	leyeron	leían	leerán	leerían

Present Subjunctive	Imperfect Subjunctive	Imperative	Present Participle	Past Participle
lea	leyera		leyendo	leído
leas	leyeras	lee		
lea	leyera	leas*		
leamos	leyéramos	leed		
leáis	leyerais	leáis*		
lean	leyeran	lea		
		lean		

INVOLUCRAR(SE)

to involve; to get involved

Manuel *se involucró* en una situación difícil.
Manuel got involved in a difficult situation.

Present	Preterite	Imperfect	Future	Conditional
involucro	involucré	involucraba	involucraré	involucraría
involucras	involucraste	involucrabas	involucrarás	involucrarías
involucra	involucró	involucraba	involucrará	involucraría
involucramos	involucramos	involucrábamos	involucraremos	involucraríamos
involucráis	involucrasteis	involucrabais	involucraréis	involucraríais
involucran	involucraron	involucraban	involucrarán	involucrarían

Present Subjunctive	Imperfect Subjunctive	Imperative	Present Participle	Past Participle
involucre	involucrara		involucrando	involucrado
involucres	involucraras	involucra		
involucre	involucrara	involucres*		
involucremos	involucráramos	involucrad		
involucréis	involucrarais	involucréis*		
involucren	involucraran	involucre		
		involucren		

LEER
to read

En la clase, los alumnos *leen* en voz alta.
The students read aloud in class.

Present	Preterite	Imperfect	Future	Conditional
lavo	lavé	lavaba	lavaré	lavaría
lavas	lavaste	lavabas	lavarás	lavarías
lava	lavó	lavaba	lavará	lavaría
lavamos	lavamos	lavábamos	lavaremos	lavaríamos
laváis	lavasteis	lavabais	lavaréis	lavaríais
lavan	lavaron	lavaban	lavarán	lavarían

Present Subjunctive	Imperfect Subjunctive	Imperative	Present Participle	Past Participle
lave	lavara	lava	lavando	lavado
laves	lavaras	laves*		
lave	lavara	lavad		
lavemos	laváramos	lavéis*		
lavéis	lavarais	lave		
laven	lavaran	laven		

IR

to go; to go away

¿Cuándo *vas* a la tienda de comestibles?

When are you going to the grocery store?

LAVARSE(SE)
to wash [oneself]

Nostros *lavamos* los platos después de la cena.
We wash the dishes after dinner.

Present	Preterite	Imperfect	Future	Conditional
voy	fui	iba	iré	iría
vas	fuiste	ibas	irás	irías
va	fue	iba	irá	iría
vamos	fuimos	íbamos	iremos	iríamos
vais	fuisteis	ibais	iréis	iríais
van	fueron	iban	irán	irían

Present Subjunctive	Imperfect Subjunctive	Imperative	Present Participle	Past Participle
vaya	fuera	ve	yendo	ido
vayas	fueras	vayas*		
vaya	fuera	id		
vayamos	fuéramos	vayáis*		
vayáis	fuerais	vaya		
vayan	fueran	vayan		

Present	Preterite	Imperfect	Future	Conditional
lastimo	lastimé	lastimaba	lastimaré	lastimaría
lastimas	lastimaste	lastimabas	lastimarás	lastimarías
lastima	lastimó	lastimaba	lastimará	lastimaría
lastimamos	lastimamos	lastimábamos	lastimaremos	lastimaríamos
lastimáis	lastimasteis	lastimabais	lastimaréis	lastimaríais
lastiman	lastimaron	lastimaban	lastimarán	lastimarían

Present Subjunctive	Imperfect Subjunctive	Imperative	Present Participle	Past Participle
lastime	lastimara	lastima	lastimando	lastimado
lastimes	lastimaras	lastimes*		
lastime	lastimara	lastimad		
lastimemos	lastimáramos	lastiméis*		
lastiméis	lastimarais	lastime		
lastimen	lastimaran	lastimen		

JUBILAR(SE)
to retire [from a profession or job]

Mi abuelo *se jubiló* después de haber trabajado cuarenta años.

My grandfather retired after working 40 years.

LASTIMAR(SE)
to hurt [oneself]

Pedro se cayó y *se lastimó* la rodilla.
Peter fell down and hurt his knee.

Present	Preterite	Imperfect	Future	Conditional
jubilo	jubilé	jubilaba	jubilaré	jubilaría
jubilas	jubilaste	jubilabas	jubilarás	jubilarías
jubila	jubiló	jubilaba	jubilará	jubilaría
jubilamos	jubilamos	jubilábamos	jubilaremos	jubilaríamos
jubiláis	jubilasteis	jubilabais	jubilaréis	jubilaríais
jubilan	jubilaron	jubilaban	jubilarán	jubilarían

Present Subjunctive	Imperfect Subjunctive	Imperative	Present Participle	Past Participle
jubile	jubilara	jubila	jubilando	jubilado
jubiles	jubilaras	jubiles*		
jubile	jubilara	jubilad		
jubilemos	jubiláramos	jubiléis*		
jubiléis	jubilarais	jubile		
jubilen	jubilaran	jubilen		

JUGAR
to play [a game]

Las niñas *juegan* durante el período de recreo.
The girls play during recess.

Present	Preterite	Imperfect	Future	Conditional
juzgo	juzgué	juzgaba	juzgaré	juzgaría
juzgas	juzgaste	juzgabas	juzgarás	juzgarías
juzga	juzgó	juzgaba	juzgará	juzgaría
juzgamos	juzgamos	juzgábamos	juzgaremos	juzgaríamos
juzgáis	juzgasteis	juzgabais	juzgaréis	juzgaríais
juzgan	juzgaron	juzgaban	juzgarán	juzgarían

Present Subjunctive	Imperfect Subjunctive	Imperative	Present Participle	Past Participle
juzgue	juzgara		juzgando	juzgado
juzgues	juzgaras	juzga		
juzgue	juzgara	juzgues*		
juzguemos	juzgáramos	juzgad		
juzguéis	juzgarais	juzguéis*		
juzguen	juzgaran	juzgue		
		juzguen		

JUGAR

to judge; to deem; to consider

Mis amigos me *juzgan* ser fiel y considerado.
My friends deem me to be faithful and considerate.

Present	Preterite	Imperfect	Future	Conditional
juego	jugué	jugaba	jugaré	jugaría
juegas	jugaste	jugabas	jugarás	jugarías
juega	jugó	jugaba	jugará	jugaría
jugamos	jugamos	jugábamos	jugaremos	jugaríamos
jugáis	jugasteis	jugabais	jugaréis	jugaríais
juegan	jugaron	jugaban	jugarán	jugarían

Present Subjunctive	Imperfect Subjunctive	Imperative	Present Participle	Past Participle
juegue	jugara	juega	jugando	jugado
juegues	jugaras	juegues*		
juegue	jugara	jugad		
juguemos	jugáramos	juguéis*		
juguéis	jugarais	juegue		
jueguen	jugaran	jueguen		

Present	Preterite	Imperfect	Future	Conditional
juro	juré	juraba	juraré	juraría
juras	juraste	jurabas	jurarás	jurarías
jura	juró	juraba	jurará	juraría
juramos	juramos	jurábamos	juraremos	juraríamos
juráis	jurasteis	jurabais	juraréis	juraríais
juran	juraron	juraban	jurarán	jurarían

Present Subjunctive	Imperfect Subjunctive	Imperative	Present Participle	Past Participle
jure	jurara	jura	jurando	jurado
jures	juraras	jures*		
jure	jurara	jurad		
juremos	juráramos	juréis*		
juréis	jurarais	jure		
juren	juraran	juren		

JUNTAR(SE)

to join; to move together; to go around with

Juan, junta las dos mesas para que tengamos más lugar.

Juan, move the two tables together so we can have more room.

Present	**Preterite**	**Imperfect**	**Future**	**Conditional**
junto	junté	juntaba	juntaré	juntaría
juntas	juntaste	juntabas	juntarás	juntarías
junta	juntó	juntaba	juntará	juntaría
juntamos	juntamos	juntábamos	juntaremos	juntaríamos
juntáis	juntasteis	juntabais	juntaréis	juntaríais
juntan	juntaron	juntaban	juntarán	juntarían

Present Subjunctive	**Imperfect Subjunctive**	**Imperative**	**Present Participle**	**Past Participle**
junte	juntara		juntando	juntado
juntes	juntaras	junta		
junte	juntara	juntes*		
juntemos	juntáramos	juntad		
juntéis	juntarais	juntéis*		
junten	juntaran	junte		
		junten		

JURAR
to swear [(an oath)]; to vow

Los testigos *juraron* decir la verdad.
The witnesses swore to tell the truth.

ABOUT THE AUTHOR

Johnnie Eng retired from teaching after 39 years of service in the Texas public school system, and currently serves as an educational consultant for several Texas school districts. He has taught all levels of Spanish from beginning to Advanced Placement. Recently, he was named Spanish Teacher of the Year for Texas by the Texas Foreign Language Association, and has received numerous other awards, including a University of Texas Ex-Students Award for Teaching Excellence.